UN EXCELLENT SERVICE À LA CLIENTÈLE DANS LE COMMERCE DE DÉTAIL

UN EXCELLENT SERVICE À LA CLIENTÈLE DANS LE COMMERCE DE DÉTAIL

Série " Excellent service à la clientèle "
Par : D.K. Hawkins
Version 1.1 ~Avril 2022
Publié par D.K. Hawkins sur KDP
Copyright ©2022 par D.K. Hawkins. Tous droits réservés.

Aucune partie de cette publication ne peut être reproduite, distribuée ou transmise sous quelque forme ou par quelque moyen que ce soit, y compris la photocopie, l'enregistrement ou d'autres méthodes électroniques ou mécaniques ou par tout système de stockage ou de récupération de l'information, sans l'autorisation écrite préalable des éditeurs, sauf dans le cas de très brèves citations incorporées dans des critiques et de certaines autres utilisations non commerciales autorisées par la loi sur le droit d'auteur.

Tous droits réservés, y compris le droit de reproduction totale ou partielle sous quelque forme que ce soit.

Toutes les informations contenues dans ce livre ont été soigneusement recherchées et vérifiées quant à leur exactitude factuelle. Cependant, l'auteur et l'éditeur ne garantissent pas, de manière expresse ou implicite, que les informations contenues dans ce livre conviennent à chaque individu, situation ou objectif et n'assument aucune responsabilité en cas d'erreurs ou d'omissions.

Le lecteur assume le risque et l'entière responsabilité de toutes ses actions. L'auteur ne sera pas tenu responsable des pertes ou des dommages, qu'ils soient consécutifs, accidentels, spéciaux ou autres, qui pourraient résulter des informations présentées dans ce livre.

Toutes les images sont libres d'utilisation ou achetées sur des sites de photos de stock ou libres de droits pour une utilisation commerciale. Pour ce livre, je me suis appuyé sur mes propres observations ainsi que sur de nombreuses sources différentes, et j'ai fait de mon mieux pour vérifier les faits et accorder le crédit qui leur est dû. Dans le cas où du matériel serait utilisé sans autorisation, veuillez me contacter afin que l'oubli soit corrigé.

Les informations fournies dans ce livre le sont à titre informatif uniquement et ne sont pas destinées à être une source de conseils ou d'analyse de crédit en ce qui concerne le matériel présenté. Les informations et/ou documents contenus dans ce livre ne constituent pas des conseils juridiques ou financiers et ne doivent jamais être utilisés sans avoir consulté au préalable un professionnel de la finance afin de déterminer ce qui convient le mieux à vos besoins individuels.

L'éditeur et l'auteur ne donnent aucune garantie ou autre promesse quant aux résultats qui peuvent être obtenus en utilisant le contenu de ce livre. Vous ne devez jamais prendre de décision d'investissement sans consulter au préalable votre propre conseiller financier et sans effectuer vos propres recherches et diligences. Dans toute la mesure permise par la loi, l'éditeur et l'auteur déclinent toute responsabilité dans le cas où les informations, commentaires, analyses, opinions, conseils et/ou recommandations contenus dans ce livre s'avéreraient inexacts, incomplets ou peu fiables, ou entraîneraient des pertes d'investissement ou autres.

Le contenu de ce livre n'est pas destiné à et ne constitue pas un conseil juridique ou un conseil en investissement et aucune relation avocat-client n'est établie. L'éditeur et l'auteur fournissent ce livre et son contenu sur une base "telle quelle". Vous utilisez les informations contenues dans ce livre à vos propres risques.

TABLE DES MATIÈRES.

TABLE DES MATIÈRES..4

INTRODUCTION..7

CHAPITRE 1 11

SERVICE CLIENTÈLE DANS LE COMMERCE DE DÉTAIL.............11

CHAPITRE 2 18

L'IMPORTANCE D'UN EXCELLENT SERVICE CLIENT DANS LE COMMERCE DE DÉTAIL. 18

CHAPITRE 3 23

POURQUOI LES ENTREPRISES DE VENTE AU DÉTAIL ÉCHOUENT-ELLES?..23

CHAPITRE 4 30

LE LIEN ENTRE LA SATISFACTION ET LE SERVICE À LA CLIENTÈLE. 30

CHAPITRE 5 36

SERVICE À LA CLIENTÈLE DE DÉTAIL ET FIDÉLISATION DES CLIENTS. 36

CHAPITRE 6 40

LE SERVICE À LA CLIENTÈLE POUR LA SURVIE ET LA CROISSANCE DU COMMERCE DE DÉTAIL. 40

CHAPITRE 7 53

QUAND LE SERVICE À LA CLIENTÈLE EST AUTHENTIQUE. 53

CHAPITRE 8 58

LE SERVICE CLIENTÈLE EST COMPARABLE À CELUI DES RENCONTRES. 58

CHAPITRE 9 69

POURQUOI VOS POLITIQUES DOIVENT ÊTRE ADAPTÉES AUX BESOINS DES CLIENTS. 69

CHAPITRE 10 75

MYTHES COMMUNS SUR LE BON ET LE MAUVAIS SERVICE CLIENT MAUVAIS SERVICE CLIENT. 75

CHAPITRE 11 86

COMMENT OFFRIR UN SERVICE CLIENT EXCEPTIONNEL DANS LE SECTEUR DU COMMERCE DE DÉTAIL. 86

CHAPITRE 12 91

FORMULER UNE STRATÉGIE DE SERVICE À LA CLIENTÈLE. 91

CHAPITRE 13 96

AUGMENTATION DU SERVICE CLIENTÈLE ET DES VENTES GRÂCE AUX TÉLÉAVERTISSEURS DE DÉTAIL. 96

CHAPITRE 14 100

LE CHAT DU SERVICE CLIENTÈLE EST IMPORTANT POUR LES COMMERÇANTS EN LIGNE. 100

CHAPITRE 15 105

ACCROÎTRE LA RENTABILITÉ DE VOTRE ENTREPRISE GRÂCE À UN SERVICE CLIENTÈLE DE QUALITÉ SUPÉRIEURE. 105

CHAPITRE 16 113

SERVICE D'ACCUEIL DE LA CLIENTÈLE POUR LES MAGASINS DE VENTE AU DÉTAIL. 113

CHAPITRE 17 118

CONSEILS DE SERVICE À LA CLIENTÈLE POUR LES DÉTAILLANTS UTILISANT UN LOGICIEL DE POINT DE VENTE. 118

CHAPITRE 18 122

LA FORMATION AU SERVICE À LA CLIENTÈLE DANS LE SECTEUR DU COMMERCE DE DÉTAIL EST INDISPENSABLE POUR TOUS LES COMMERCES DE DÉTAIL. 122

CHAPITRE 19 128

RESPECTER LA RÈGLE D'OR DU SERVICE À LA CLIENTÈLE. 128

CHAPITRE 20 132

CONSEILS POUR AMÉLIORER LE SERVICE À LA CLIENTÈLE DANS LE SECTEUR DU COMMERCE DE DÉTAIL. 132

CONCLUSION. 137

INTRODUCTION.

Les clients peuvent hésiter à faire affaire avec vous pour diverses raisons, notamment par crainte de l'inconnu ou d'être dupés, par souci de l'approbation d'autrui et par doute quant à vos compétences professionnelles de vendeur. Si vous connaissez leurs inquiétudes, vous pouvez réagir de manière appropriée pour apaiser leurs craintes.

La première source d'incertitude pour les nouveaux consommateurs est la crainte de faire affaire avec une entité inconnue. Ils sont curieux de connaître les origines de l'entreprise, de savoir si son personnel de vente est professionnel et honnête sans être arrogant et si l'article est de bonne qualité. Ils ont de nombreuses raisons de s'arrêter avant d'entrer dans le magasin.

Les clients se méfient également des commentaires négatifs sur leurs achats. Prenons le cas d'une cliente qui entre dans votre magasin de produits diététiques en se plaignant d'être épuisée et de manquer de vitalité. Après votre consultation, elle achète pour 100 $ de traitements naturopathiques.

Bien qu'elle soit satisfaite de ses achats, elle s'inquiète de la réaction de son mari lorsqu'elle rentrera chez elle avec tous ces articles. Elle risque de recevoir une réponse défavorable du type "Pourquoi as-tu acheté tout cela ? Nous avons déjà un régime alimentaire nutritif, riche en fruits, en légumes et en fibres. De quoi avez-vous besoin d'autre ?"

Les clients ne veulent pas se sentir floués par des choses qu'ils n'utiliseront jamais ou des marchandises de mauvaise qualité. Ils hésitent à confier leur argent durement gagné à un vendeur ; vous devez donc les rassurer en leur proposant des choses qui correspondent à leurs besoins et en démontrant la qualité de votre marchandise. À l'occasion, il sera également bénéfique de discuter de votre garantie de satisfaction.

Avez-vous déjà posé une question à un vendeur au sujet d'un produit pour que cette personne apparemment bien informée lise l'étiquette ? Ce n'est tout simplement pas une technique de vente rassurante !

Les clients s'attendent à parler à quelqu'un qui connaît bien les produits lorsqu'ils viennent dans votre magasin pour obtenir des conseils. Vous jouez un rôle crucial en tant que conseiller auprès de vos consommateurs. Vous devez donc bien connaître vos produits. Si c'est le cas et si vous avez une compréhension approfondie de l'éventail des choses comparables, vous gagnerez la confiance de vos consommateurs - et leur clientèle.

Les clients veulent se sentir en confiance et informés sur leurs achats, vous devez donc rester à jour et connaître vos articles. Concentrez-vous sur la détermination de leurs besoins précis et offrez-leur les meilleurs produits possibles pour répondre à ces besoins. Lorsque vous concluez la vente, expliquez votre garantie de satisfaction, votre politique de retour et toute assistance personnelle que vous pouvez fournir pour que vos consommateurs quittent le magasin en toute confiance.

Vous souhaitez comprendre comment vous connecter au cœur et aux pensées de vos consommateurs et leur proposer des articles qui garantissent leur satisfaction et le succès de vos ventes?

Au moyen d'exemples réalistes et de divers exercices en magasin, ce guide vous apprend à mettre en œuvre les étapes de la vente relationnelle équilibrée et les aspects importants d'un excellent service à la clientèle qui garantissent le succès continu des meilleurs vendeurs de détail.

Bonne lecture

CHAPITRE 1
SERVICE CLIENTÈLE DANS LE COMMERCE DE DÉTAIL.

Lorsque j'aide les détaillants à améliorer leur service clientèle, je commence par leur demander comment ils le définissent. La réponse la plus fréquente que je reçois est du genre : "Eh bien, il s'agit d'attendre les clients et de les aider à trouver ce qu'ils cherchent, ce genre de choses". C'est, je crois, la conception qu'ont la plupart des gens de ce qu'est le service à la clientèle.

J'ai vite compris qu'il fallait d'abord le définir pour améliorer le service à la clientèle. Je le définis comme "la somme de tous les actes et aspects qui permettent aux consommateurs d'obtenir de votre magasin ce dont ils ont besoin ou ce qu'ils désirent." Selon cette définition, le service client englobe bien plus que la notion classique. En effet, le service à la clientèle englobe tous les aspects de l'expérience d'achat.

Par exemple, les consommateurs recherchent la commodité ; par conséquent, si votre magasin n'est pas bien situé, votre service clientèle est déjà en retard avant que le client n'atteigne votre magasin, tout simplement parce qu'il a été importuné. En conséquence, elle n'a pas reçu l'article qu'elle avait demandé à votre magasin.

"Attendez une minute", pourrait-on objecter, "c'est une caractéristique de notre emplacement physique, pas du service clientèle". Ayez l'esprit ouvert sur cette définition et considérez ce qui suit : vous êtes engagé dans une guerre à part entière pour chaque consommateur. Il n'y a jamais eu autant d'options, et par conséquent, vous avez besoin d'un avantage.

Avec ce concept élargi de service à la clientèle en main, vous pouvez commencer à voir votre organisation sous un angle entièrement nouveau. La section "éléments" de la définition comprend toutes les caractéristiques physiques de votre entreprise.

À l'ère de la communication technologique et des interactions "virtuelles", il existe un besoin inné de reconnaissance et de contact. Lorsque vous considérez l'interaction des personnes, c'est-à-dire vos clients et vos vendeurs, vous arrivez à l'élément "actes" du terme. Prenez un moment pour revoir la définition et voir comment tout cela s'imbrique.

Ce CHAPITRE n'a pas la place d'aborder tous les "actes" du service à la clientèle, mais voici un petit conseil : Formez vos employés à mémoriser le plus grand nombre possible de noms de vos clients. Donnez-leur pour instruction de s'adresser aux consommateurs par leur nom chaque fois que possible. Encouragez-les à développer des relations "amicales" - les gens achètent toujours à des amis, quelles que soient les circonstances.

Lorsque vous commencerez à définir le service à la clientèle de cette manière, de nouvelles idées sur les moyens d'améliorer l'expérience d'achat de vos clients envahiront votre esprit. Améliorez l'expérience d'achat de vos clients en leur offrant un service client exceptionnel selon cette nouvelle définition, et regardez votre entreprise prospérer !

Le service à la clientèle est une idée bien ancrée dans le commerce de détail. En effet, il s'agit peut-être de l'un des premiers sujets de discorde dans les discussions sur la création d'un magasin de détail plus prospère.

Cependant, les détaillants avisés reconnaissent que la définition de base largement acceptée du service à la clientèle, à savoir des employés compétents et polis, est insuffisante pour répondre à une clientèle de plus en plus exigeante.

Une étude a démontré le gouffre qui existe entre ce que la direction d'une quincaillerie et ses consommateurs considèrent comme des caractéristiques efficaces du service à la clientèle.

Alors que plus de 90 % des propriétaires de magasins ont déclaré que des employés aimables et bien informés étaient les facteurs les plus importants pour offrir une expérience d'achat positive, plus de 30 % des clients interrogés ont déclaré que les facteurs les plus importants comprenaient des éléments tels que l'étendue de la sélection, la facilité de navigation dans le magasin et la facilité d'entrée et de sortie. Sur la base de ces données, il est peut-être temps de repenser votre définition du service client.

Vous trouverez peut-être d'autres définitions pratiques de cette expression sur Internet. Néanmoins, je pense que la suivante rend le mieux compte de la nature étendue de ce que les rapports cités ci-dessus ont indiqué : Le service à la clientèle est l'ensemble des actions et des éléments qui permettent aux consommateurs d'obtenir les biens ou les services dont ils ont besoin ou qu'ils désirent auprès de votre organisation de vente au détail.

Vous en trouverez peut-être une autre plus résonnante, mais le point important est de réévaluer les idées reçues. Ce point est crucial car je pense que négliger de le faire peut mettre en péril l'avenir d'un magasin. J'ai le sentiment que disséquer les éléments du service client demande la précision d'un couteau de chirurgien.

En effet, ils sont mieux ensemble que séparés, car l'un d'eux est si organiquement lié aux autres. Par conséquent, lorsque vous faites le tour de votre magasin aujourd'hui ou demain, considérez l'expérience du point de vue du consommateur.

La présentation est-elle attrayante et l'agencement du magasin met-il l'accent sur le nombre de produits que vous stockez ?

Demandez-vous si vous avez mis en œuvre simultanément les parties humaines du service à la clientèle et vos signes directeurs et éléments de communication. Votre magasin s'attache-t-il à créer une expérience d'achat plutôt qu'à vendre des produits ?

Les plus forts survivront dans cette période ultra-concurrentielle dans laquelle évoluent les commerçants. Parfois, la force émerge d'une simple évaluation. Assurez-vous de procéder à une réévaluation de l'expérience de service à la clientèle de votre magasin.

CHAPITRE 2
L'IMPORTANCE D'UN EXCELLENT SERVICE CLIENT DANS LE COMMERCE DE DÉTAIL.

L'excellence du service à la clientèle ne se limite pas à la vente à un seul consommateur dans un magasin de détail. Voici les principales raisons pour lesquelles un excellent service client peut vous aider à développer votre entreprise et pourquoi un mauvais service client vous conduira probablement à la faillite.

1. Augmenter ou établir la vente.

2. Visite de retour du client.

3. Publicité par le bouche à oreille

4. Gestion du rétrécissement.

Faire l'achat.

Accueillez toujours vos clients de manière professionnelle. Ne les ignorez pas lorsqu'ils passent. Dites simplement bonjour. Cela leur indique que vous êtes conscient de leur présence.

Ces clients sont plus susceptibles de vous demander de l'aide lorsqu'ils en ont besoin. Soyez utile mais pas envahissant. J'aborde toujours les choses du point de vue du client.

Quel type de service à la clientèle dois-je rechercher?

Si un client ne peut pas trouver un article et que personne ne l'aide. Vous aurez alors perdu la vente. Examinez votre client ; s'il semble avoir des difficultés à trouver un article, approchez-le et demandez-lui s'il a besoin d'aide.
Soyez informé. Rien n'est plus exaspérant que d'informer un consommateur que vous ne savez pas où se trouve un objet que vous avez en votre possession. Cela indique que vous avez perdu la vente.

Par ailleurs, après avoir aidé le consommateur à localiser son achat, vous pouvez lui proposer un article supplémentaire comme des piles ou des frites.

Visites de retour et bouche à oreille.

La fidélisation des clients et la promotion du bouche-à-oreille vont de pair. Si vous faites un excellent travail, le client reviendra. Si vous faites un travail inadéquat, il ne reviendra jamais. S'il apprécie votre magasin, il en parlera à quelques amis et parents.

S'il a vécu une expérience vraiment horrible dans votre magasin et qu'il en est sorti bouleversé, il en parlera à tout le monde pour le restant de ses jours, chaque fois que votre magasin sera mentionné. Ils peuvent même écrire des lettres et publier des messages sur les médias sociaux pour informer les autres de l'horreur du service client.

Il est beaucoup plus facile de perdre un client que d'en gagner un. Il faut souvent cinq nouveaux clients, voire plus, pour réparer le préjudice créé par un seul client mécontent. L'acquisition d'un seul nouveau consommateur coûte beaucoup d'argent en marketing et en publicité. Cela ne coûte rien de perdre cinq clients en offrant un service à la clientèle de très mauvaise qualité en cinq minutes.

Contrôle du rétrécissement.

A ce stade, vous êtes tous convaincus que je suis fou. Quel rôle le service clientèle joue-t-il dans la gestion de la démarque inconnue ?

Un service clientèle solide est votre première ligne de défense contre le vol à l'étalage. Lorsqu'un voleur à l'étalage sait qu'il est observé, il est plus susceptible de partir sans commettre de vol - faites une étude de marché sur vos clients. Un voleur à l'étalage compétent est constamment à l'affût de nouvelles possibilités.

Je déteste quand on me demande "Puis-je vous aider ?" quatre fois en cinq minutes par quatre personnes différentes.

La première impulsion que j'ai eue a été de faire demi-tour et de sortir. Vous devez être conscient des symptômes révélateurs d'un voleur à l'étalage. Ensuite, il faut tenter de l'appréhender. Il est plus rapide, plus simple et plus rentable de dissuader un voleur à l'étalage potentiel de faire ses achats dans votre magasin.

Par conséquent, n'oubliez pas que d'excellentes pratiques de service à la clientèle inciteront les consommateurs à faire leurs achats dans votre magasin. Les clients recommanderont ensuite votre magasin à leurs amis et à leur famille. Leurs enfants développeront une affinité pour le shopping dans votre établissement et continueront à le faire à l'âge adulte. Vous augmentez la probabilité d'une vente perdue et la taille de la vente. Vous réduisez également le nombre de vols à l'étalage dans votre magasin.

CHAPITRE 3
POURQUOI LES ENTREPRISES DE VENTE AU DÉTAIL ÉCHOUENT-ELLES?

Aujourd'hui, je ne me rends dans le magasin d'informatique de mon quartier que pour acheter de l'encre pour imprimante. En effet, c'est le seul commerce de mon quartier qui fournit les cartouches d'encre nécessaires à mon imprimante.

Chaque fois que j'entre dans ce magasin, je suis confronté au même niveau de service. Je suis constamment obligé de faire la queue à la caisse pendant une longue période en attendant que les employés me servent. Même lorsque le magasin est vide, je dois attendre d'être servi pendant qu'un groupe de personnel converse à quelques mètres d'une caisse vide.

Le magasin d'informatique de mon quartier et son entreprise sœur sont en difficulté, et leur direction ne sait pas pourquoi. Je suis sûr que s'ils faisaient faillite, le PDG accuserait les conditions commerciales défavorables. Son magasin se classe régulièrement parmi les derniers dans les sondages sur la satisfaction de la clientèle et il ne serait pas considéré comme ayant contribué à leur chute.

Dans cet environnement de vente au détail "à longue traîne", où les consommateurs sont constamment confrontés à un nombre infini d'options, on pourrait supposer que les détaillants, en particulier ceux de la grande distribution, reconnaissent l'importance d'un excellent service à la clientèle et s'efforcent de l'intégrer dans leur stratégie commerciale.

30 à 40 % des personnes achètent uniquement en fonction du prix. 70 % des personnes achètent en fonction de la qualité et de la commodité. Malgré la crise du secteur de la distribution, le segment du luxe continue de connaître une forte croissance. Cela

s'explique par le fait que les gens continueront à faire des achats, quelles que soient les circonstances économiques. La seule question qui reste est de savoir où ils feront leurs achats.

Les commerçants de luxe reconnaissent ce fait et investissent dans la formation de leurs employés pour qu'ils offrent un service à la clientèle de qualité supérieure. J'ai remarqué que lorsque le personnel demande des informations dans mon ASDA local, il ne se contente pas de pointer du doigt ; il accompagne les consommateurs sur place et leur demande s'il peut faire autre chose pour les aider.

Les gens fréquentent des restaurants dont la nourriture est médiocre mais ne se plaignent jamais de l'attitude du personnel. En revanche, si la nourriture est excellente, mais que le service est épouvantable, ils seront extrêmement réticents à retourner dans ce restaurant.

Si un excellent service à la clientèle est important pour le succès de bon nombre de magasins, un service à la clientèle médiocre a été l'une des principales raisons de l'échec de nombreuses entreprises de vente au détail.

Il y a une raison pour laquelle je n'ai jamais concentré mes efforts professionnels dans le secteur du commerce de détail en tant que consultant en service à la clientèle. Compte tenu des bas salaires et du manque d'investissement dans le personnel, ainsi que du taux de rotation élevé des employés, ce secteur ne m'a jamais enthousiasmé.

Cependant, mes expériences de consommateur d'aujourd'hui me convainquent que le niveau de service à la clientèle dans le commerce de détail a atteint de nouveaux sommets.

Il y a cinq raisons principales pour lesquelles le service client du commerce de détail est menacé et se détériore rapidement:

(1) Le vieil adage "Le client a toujours raison" a été supplanté par l'hypothèse que le client est incorrect et malveillant. Le retour d'un article endommagé chez un détaillant donnera presque

toujours lieu à une enquête plutôt qu'à un employé s'excusant et se contentant d'un échange ou d'un remboursement.

(2) La "responsabilisation" des employés est devenue incontrôlable. Permettre à des personnes intelligentes, bien formées et réfléchies d'exercer leur discrétion est une chose. Cependant, lorsque des idiots se voient confier l'autorité, ils font souvent des choix idiots.

Il en résulte une dégradation du niveau de service. En désignant le personnel par les termes "associés" et "membres de l'équipe" et en leur conférant d'autres titres exagérés, nous avons communiqué le mauvais message, encourageant les gens à inventer des règlements au fur et à mesure et à fonctionner de manière idiosyncratique.

(3) Malgré l'assurance que nos transactions seront contrôlées pour garantir la qualité du service, il n'est que trop clair que le service à la clientèle se transforme en un vaisseau fantôme sans capitaine ni équipage. Peu de gens écoutent, et ceux qui le font

sont incapables d'identifier et de rejeter les pratiques de service problématiques.

En effet, l'une des raisons pour lesquelles nous entendons toujours l'avis omniprésent selon lequel les conversations sont écoutées est la tentative des entreprises américaines de décourager les clients de devenir fous. La peur d'être écouté empêche l'indignation légitime de s'exprimer.

(4) Il fut un temps où l'ethos ressemblait au modèle dramatique développé par le sociologue Erving Goffman. Dans le monde des affaires, nous affichions nos visages sur le devant de la scène, avec un grand sourire, et nous accomplissions notre devoir ; nous avions pour consigne de garder pour nous nos soucis et nos problèmes en coulisses, lorsque nous n'étions pas au travail. Ce n'est plus le cas.

Aujourd'hui, les employés peuvent rendre leur vie privée publique et remplir leur rôle de manière sélective, comme ils le souhaitent. Cela transforme le shopping en un jeu de hasard. Lorsque vous franchissez la porte d'une entreprise, vous ne savez jamais ce que vous obtiendrez ni qui vous recevrez.

(5) En recrutant un personnel insuffisant qui peut à peine communiquer au-delà des grognements et des râles, les entreprises ont étendu leur stratégie d'externalisation au recrutement en magasin. Achetez les produits les plus délabrés, majorez-les souvent et embauchez le personnel le moins cher pour vos magasins. Investissez vos bénéfices dans le loyer du centre commercial, la publicité, le matraquage publicitaire et les salaires et avantages extravagants des agents.

CHAPITRE 4
LE LIEN ENTRE LA SATISFACTION ET LE SERVICE À LA CLIENTÈLE.

La concurrence s'est intensifiée dans la période moderne, car les clients continuent d'exiger des détaillants qu'ils répondent à leurs attentes et les dépassent. En raison de l'homogénéité des produits des organisations de vente au détail, celles-ci se concentrent de plus en plus sur la fourniture d'un service client efficace afin d'établir un avantage concurrentiel. Le bonheur et la confiance des clients sont importants pour ces entreprises afin de garantir des achats répétés.

Étant donné que ces entreprises opèrent sur un marché hautement concurrentiel où les clients ont de nombreuses options pour les détaillants, ces derniers se consacrent à l'étude des caractéristiques qui contribuent à la fidélité et à la rétention des clients.

Le commerce de détail est un type de commerce dans lequel une entreprise ou une organisation commerciale vend des produits directement aux consommateurs. En raison de leur relation directe avec les clients, ces entreprises sont directement impliquées dans la fourniture de biens et de services au client.

Le bonheur et la confiance des clients dans les commerces de détail sont principalement déterminés par la qualité des services offerts, car ils fournissent des produits homogènes qui ne peuvent être différenciés d'un magasin à l'autre.

Les supermarchés, les épiceries, les librairies, les magasins de proximité et les pharmacies sont tous des commerces de détail. En voici quelques exemples:

Books-A-Million.

Books-A-Million, en abrégé BAM !, est une chaîne de librairies (Livres, jouets, et plus). Il s'agit de la deuxième plus grande chaîne de librairies aux États-Unis, avec près de 200 établissements. Outre les marchandises qu'elle vend, notamment des livres, des jouets et des articles de papeterie, elle se distingue par ses services. La librairie a mis en place un centre d'assistance en ligne pour aider les clients.

Les clients peuvent vérifier l'état de leur commande ou le solde de leur carte cadeau en consultant le site d'assistance de Books-A-customer Million. Ils sont prompts à répondre aux plaintes et aux demandes de leurs clients.

Pour offrir des services uniques et exceptionnels associés aux produits phares du magasin, Books-A-Million s'efforce d'obtenir un avantage concurrentiel sur les autres librairies.

L'objectif principal de la librairie est d'obtenir la suprématie en fournissant des services rapides et de haute qualité aux clients afin de générer des intentions de réachat. Le comportement de réachat des clients démontre leur niveau de satisfaction à l'égard des services de l'entreprise ; la satisfaction ou la confiance se traduit finalement par la fidélité et la satisfaction des clients.

Wal-Mart.

Wal-Mart est un détaillant classé au Fortune 500 qui possède et exploite une chaîne de magasins de rabais et d'entrepôts. Elle fait partie des plus grandes chaînes de magasins de détail des États-Unis, avec 4177 sites.

Le PDG de Wal-Mart a affirmé que les consommateurs récurrents et fidèles sont importants pour la rentabilité de l'entreprise. Il a également fait remarquer que nos consommateurs sont plus fidèles à notre magasin car nos employés les servent de manière plus professionnelle que dans les autres magasins.

Wal-Mart accorde depuis longtemps une grande importance à l'éducation et à la formation de travailleurs sympathiques qui reconnaissent que le client est roi et réagissent en conséquence. En adoptant des pratiques centrées sur le client, Walmart a eu plus de succès que ses concurrents axés sur la maximisation des profits.

La stratégie de Wal-service Mart est fondée sur la reconnaissance du personnel, ce qui se traduit par le plaisir du consommateur. Wal-Mart, affirme-t-on, a pour vocation de fournir des services à ses clients, alors que ses concurrents ont pour vocation de servir leur PDG.

Les principes de Wal-key Mart sont les suivants : le client a toujours raison, offrir de la valeur au client, ravir le client, récompenser les employés et prendre soin des régions dans lesquelles il opère.

Barnes & Noble Inc.

Barnes & Noble est également un détaillant. Il s'agit de la plus grande librairie des États-Unis et du plus grand vendeur de médias numériques et d'articles scolaires. Elle possède et gère 658 points de vente au détail indépendants et 714 librairies de collèges et d'universités.

La satisfaction du client et la qualité du service sont les principaux objectifs de l'entreprise. Aussi, elle offre aux clients des informations en ligne sur l'état de leurs commandes, enregistre les commandes en ligne et les plaintes des clients, et y répond aussi rapidement que possible. L'objectif principal de ces services inclus est d'assurer le bonheur du client, ce qui se traduit par sa fidélité et son dévouement à l'égard de l'organisation.

CHAPITRE 5
SERVICE À LA CLIENTÈLE DE DÉTAIL ET FIDÉLISATION DES CLIENTS.

Sur le marché extrêmement concurrentiel d'aujourd'hui, les entreprises ont de plus en plus de mal à conserver leurs clients, en particulier les entreprises de détail qui vendent des produits homogènes. Une qualité de service supérieure est le seul moyen de gagner le contentement et la confiance des consommateurs dans un tel environnement concurrentiel. Si un client est satisfait des services d'une entreprise, il est probable qu'il rachètera des produits de cette entreprise.

Le comportement d'achat récurrent du client démontre sa dévotion et son engagement envers l'entreprise, et il n'aura pas l'intention d'en changer.

Selon les recherches, la qualité du service est importante pour la rétention des clients.

Contribution au porte-monnaie.

Il s'agit d'une expression marketing qui fait référence à la quantité d'argent que les clients dépensent pour un produit ou un service spécifique offert par une entreprise. La part du portefeuille d'un commerce de détail pour chaque produit qu'il vend peut être calculée en suivant le volume de chaque produit vendu.

Il s'agit d'une procédure que les organisations ou les sociétés emploient pour déterminer le revenu gagné par un consommateur spécifique. La contribution de chaque client au revenu global de l'entreprise reflète le comportement d'achat du client et la fréquence d'achat de produits spécifiques. Un consommateur satisfait contribue davantage au revenu global de l'entreprise.

Références.

La recommandation est également une expression marketing ; elle désigne la diffusion d'informations sur un produit, un service ou une entreprise particulière par le bouche à oreille. Un consommateur satisfait répand un bouche-à-oreille favorable sur l'entreprise et recommande ses produits et services à ses amis et à ses frères et sœurs. En revanche, un client mécontent répand un bouche-à-oreille négatif sur l'entreprise, ce qui entraîne la perte de clients existants et de nouveaux clients potentiels.

Performance du marché boursier.

La performance boursière mesure la performance individuelle et collective des entreprises cotées en bourse. Des clients satisfaits augmentent directement ou indirectement les revenus et les bénéfices de l'entreprise, ce qui a un effet positif sur la valeur des actions de l'entreprise et se traduit en fin de compte par une performance supérieure de l'entreprise en bourse, mesurée par la fréquence de négociation des actions de l'entreprise.

Comme il a été démontré ci-dessus, les organisations de vente au détail s'efforcent d'obtenir un avantage concurrentiel sur le marché compétitif actuel en essayant de se démarquer de leurs concurrents.

Cela n'est possible qu'en offrant un service client exceptionnel. Comme le démontrent les études, il existe une relation significative et positive entre les paramètres de qualité de service et la satisfaction du client.

Il a également été démontré qu'un client satisfait profite à l'entreprise puisqu'il a un comportement d'achat récurrent, contribue aux revenus de l'entreprise et favorise un bouche-à-oreille positif sur l'entreprise.

La satisfaction du client et la qualité du service sont devenues les paramètres les plus utilisés dans le monde d'aujourd'hui pour mesurer et gérer la fidélité et la rétention des clients.

CHAPITRE 6
LE SERVICE À LA CLIENTÈLE POUR LA SURVIE ET LA CROISSANCE DU COMMERCE DE DÉTAIL.

Si vous êtes propriétaire d'une petite entreprise et que vous vous battez pour attirer des clients contre une concurrence féroce, concentrez-vous sur le service à la clientèle pour l'amour de Dieu ! Il s'agit d'un aspect de votre offre que vous pouvez améliorer sans dépenser beaucoup (ou pas du tout) d'argent. Vous traitez avec des êtres humains désireux de donner leur argent durement gagné en échange de vos produits, alors traitez-les avec décence.

Manque de respect.

"Bien sûr, je tiens à mes consommateurs", répondront de nombreux détaillants. Non, ce n'est pas le cas, ou du moins une proportion non négligeable d'entre vous. Je suis bien conscient, comme beaucoup d'autres, que les clients dans les magasins sont souvent considérés comme une gêne. Ils gênent. Ils posent des questions perplexes. Ils achètent parfois quelque chose et se plaignent.

Pire encore, d'autres n'achètent rien et continuent à se plaindre. Certains clients considèrent votre commerce comme un lieu de rassemblement, tandis que d'autres n'achètent qu'un seul journal par semaine.

"Écoutez, je me plains des clients", diront certains d'entre vous, "mais jamais dans l'atelier et toujours derrière des portes fermées". Faux ! Ne faites pas preuve d'impolitesse envers les clients, même s'ils sont hors de portée de voix. En d'autres termes, ne traitez jamais les clients de manière irrespectueuse, quel que soit le moment ou le lieu.

Pas le service des lèvres mais le service à la clientèle.

Je prendrai l'exemple de deux grandes entreprises pour illustrer la manière dont elles ont choisi d'instiller une culture du service à la clientèle dans l'ensemble de leurs activités. Pour commencer, considérons Dell. L'entreprise a eu une réputation négative auprès de certains clients, que cela soit justifié ou non.

Il y a de nombreuses raisons à cela, et beaucoup d'entre elles étaient structurelles plutôt que le résultat de la façon dont les clients étaient traités. Le résultat est le même, mais de nombreux consommateurs estiment qu'ils ne sont pas traités avec le respect qu'ils méritent. Dell a récemment remanié son service clientèle.

Outre l'amélioration des structures et des systèmes, l'entreprise a fait un grand pas en avant en donnant la priorité aux besoins des clients. Certes, Dell n'est pas un petit détaillant. En effet, la vente au détail fait partie de ses fonctions ; elle fournit également de nombreux autres détaillants.

Tous les efforts de l'entreprise, de la salle du conseil d'administration à chaque employé et affilié, ont été orientés vers les clients, et cela fonctionne. Il n'en demeure pas moins qu'ils ont reconnu que le service à la clientèle est un état d'esprit. Les clients doivent être traités avec respect, même s'ils ne sont pas présents.

Je suis sûr qu'il y aura des gens qui auront des histoires contraires à raconter, et je suis sûr qu'ils ont un long chemin à parcourir. Je pense que Dell est sur la bonne voie et qu'elle continuera à se développer de manière significative grâce à ce qui suit.

Une autre société est Tesco, au Royaume-Uni, qui exploite des points de vente dans toute l'Europe et en Extrême-Orient.

Là encore, même s'ils ne prétendent pas être parfaits, ils ont une culture du service client bien ancrée. Dans ce sens, le service à la clientèle ne consiste pas à faire semblant ou à être performant. Il s'agit de faire preuve d'une véritable considération pour les personnes qui paient votre salaire - vos consommateurs. Il s'agit de fournir un véritable service à la clientèle plutôt qu'un service de pure forme.

Maintenir le contact visuel.

Lorsque des clients vous achètent un produit, ils concluent effectivement un contrat avec vous pour que vous leur fournissiez des choses. Lorsque la plupart des gens terminent une transaction, ils se serrent la main.

Bien que cela puisse sembler excessif dans un commerce (bien que cela se produise dans certaines cultures), les clients méritent toute l'attention de la caissière une fois qu'ils ont terminé leurs achats, afin de les remercier et de leur témoigner du respect (je suis conscient que dans certaines cultures, le contact visuel n'est pas approprié, en particulier entre hommes et femmes).

Plaintes.

Non seulement les plaintes sont nécessaires, mais elles sont extrêmement bénéfiques. Le consommateur a pris le temps de vous faire part de ses commentaires. Il vous donne l'occasion de faire amende honorable.

N'oubliez pas que lorsqu'un consommateur se plaint, il n'est pas un tueur à la hache. En fait, ils préféreraient rester silencieux. Tout comme vous, ils essaient de passer la journée en subissant le moins de désagréments possible.

Leurs préoccupations doivent être prises au sérieux et traitées de manière appropriée. Même si vous ne pouvez pas aider le consommateur, montrez-lui toujours du respect. S'il se plaint que le prix de la farine est trop élevé et que vous êtes impuissant à le changer, rappelez-vous que même si vous êtes impuissant, le problème demeure, du moins aux yeux du client : la farine est toujours trop chère.

Évitez de hausser les épaules et de les laisser en plan ; cela n'entraînera que de la frustration et le client se sentira impuissant et humilié, surtout si la situation est publique.

Rappelez-vous que les gens sont des créatures fières qui méprisent d'être rejetées ou humiliées. En déclarant : "J'apprécie vos remarques ; je les transmettrai" ou "J'aborderai votre point de vue lors de notre prochaine réunion d'équipe", vous ne soutenez ni ne vous opposez aux remarques du client.

Ce que vous offrez, c'est quelque chose à quoi l'acheteur peut se raccrocher. Le consommateur peut au moins sentir que sa plainte a abouti à quelque chose, même si c'est insignifiant, et qu'il a une certaine valeur.

Maintenant, la partie importante : Je suis sûr que vous avez pensé que la plainte de la farine s'arrêtait là, n'est-ce pas ? Certainement pas ! Comme je l'ai déjà dit, il s'agit d'un état mental. Vous avez déclaré que vous feriez suivre le commentaire, alors faites-le. Vos employés devraient être motivés pour agir dans le meilleur intérêt de vos consommateurs.

Si un client estime que la farine est trop chère, assurez-vous qu'il existe un mécanisme permettant aux commentaires de ce client de vous parvenir à vous, le propriétaire du magasin. Prenez-le avec vous. Êtes-vous en mesure de réduire le prix ? Non ? Si c'est le cas, vous devez au moins vous renseigner auprès de votre grossiste pour obtenir une réduction de prix.

Allez aussi loin que possible. Le consommateur qui s'est plaint peut simplement demander : "Avez-vous transmis mon commentaire ?" Ne serait-il pas merveilleux de fournir à ce consommateur un retour d'information, même si les nouvelles ne sont pas celles auxquelles il s'attendait ? Oui, je suis conscient que certains clients sont terriblement maladroits.

Ils sont peu nombreux et la majorité d'entre eux peuvent être ménagés en cours de route. Je ne fais pas référence aux 1 % mais aux 99,9 % de clients honnêtes qui ne cherchent pas un conflit mais simplement un bon rapport qualité-prix.

Développement du personnel.

N'oubliez pas que le respect du consommateur est important. Le contact visuel (dans la plupart des cultures) est une chose positive, d'autant plus lorsque le consommateur est sur le point de terminer son achat. Il est également important d'écouter les clients et de donner suite à leurs commentaires.

Cela doit être inculqué à votre personnel. Si un membre du personnel livre des marchandises aux clients, il doit lui aussi recevoir la même formation. Même si un membre du personnel a peu de contacts avec les consommateurs (par exemple, un magasinier), il doit recevoir la même formation si un client l'arrête et lui pose une question.

Cette culture de l'attention, de l'écoute et, surtout, du respect ne fonctionnera pas avec les consommateurs si le personnel ne la modèle pas ; sinon, les clients remarqueront une ambiance importune dans votre magasin, ce qui les découragera de revenir. Un premier pas important dans le service à la clientèle est que les employés se traitent mutuellement avec respect et que les employés et la direction se traitent mutuellement avec respect.

Si vous n'avez pas de personnel, pensez à vous former vous-même ! Adoptez une approche positive et respectueuse envers vos consommateurs. Rappelez-vous la comparaison avec la farine que nous avons faite précédemment. Si vous êtes le propriétaire, vous pouvez expliquer au consommateur pourquoi on lui facture plus qu'il ne le souhaite.

Oui, je comprends que le temps est précieux et qu'un bon service à la clientèle n'est pas dû à la formation d'une file d'attente pendant que vous discutez de farine avec un client ! Saisissez l'occasion. Je comprends que des articles comme celui-ci ne sont pas d'une grande aide lorsque vous êtes en difficulté.

Je considère la situation dans son ensemble et je suis conscient qu'il y aura des exceptions pendant les périodes d'agitation. N'oubliez pas qu'en vous traitant mutuellement et en traitant les clients avec respect, le lieu de travail deviendra plus agréable, ce qui aura pour effet d'améliorer le moral des employés. Il s'agit là d'un cercle vertueux.

N'oubliez pas non plus la présentation du personnel. Votre personnel doit être propre et bien habillé, d'autant plus dans un magasin qui vend des aliments ou des médicaments.

Hygiène.

Gardez toujours les étagères, les appareils, les murs et les sols propres. L'apparence et la propreté personnelle du personnel sont également importantes. Si la nécessité d'une bonne propreté dans un magasin d'alimentation va de soi, elle est également importante dans les établissements non alimentaires.

La propreté est un domaine dans lequel vous pouvez surpasser vos grands concurrents. Bien que cela puisse être coûteux, faites un effort pour avoir un bon éclairage dans tout le magasin. La seule exception est peut-être la vente d'articles de mode, où l'éclairage doit être "lunatique".

Quel que soit le degré de propreté de leur magasin, veillez à ce que le vôtre soit plus propre. Les clients ne donneront pas leur avis sur ce sujet. Si les clients pensent que votre magasin n'est pas hygiénique ou que vous ou votre personnel ne l'êtes pas, ils partiront tout simplement sans vous donner d'explication.

Cet aspect influence un énorme pourcentage de clients plus que tout autre, faisant de l'hygiène une grande préoccupation. Je suis étonné par le nombre de petits commerçants qui, tout en déplorant la perte de consommateurs au profit des grandes surfaces, sont prêts à laisser leur établissement dans un état de saleté.

Communication verbale.

Personnellement, il y a des magasins que j'évite en raison de l'attitude du personnel. Quand j'y pense, le fait est que je n'ai visité le commerce en question qu'une seule fois - et il y a quelques années seulement. Le problème est que ma première impression est devenue ma dernière impression. Il est probable que bon nombre des employés que j'ai rencontrés ont quitté l'entreprise et qu'une nouvelle direction a pris les choses en main.

Que ce soit vrai ou faux, je garde une image négative de ce magasin dans ma tête et j'ai pris l'habitude de l'éviter. Pire encore, après ma seule expérience négative, j'ai informé ma femme, qui a peut-être informé ses connaissances.

Comme vous le savez probablement, les réputations mettent des années à se développer et quelques secondes à se détruire. Pourquoi ? Parce que lorsque les gens sont satisfaits de leur expérience, ils ont tendance à la garder pour eux. S'ils sont contrariés, ils le disent.

Une mauvaise réputation due à un mauvais service à la clientèle peut finir par détruire votre entreprise. Pendant que vous vous concentrez sur les marges, les frais généraux et tout le reste, vos clients peuvent vous échapper en silence parce que vous n'étiez pas conscient du caractère désagréable d'un ou deux de vos employés.

Le service à la clientèle a connu un déclin ces dernières années dans certaines entreprises. Faites une exception pour vous-même. Un excellent service à la clientèle est une source de satisfaction personnelle et contribuera à la survie, voire à la croissance, de votre entreprise.

CHAPITRE 7
QUAND LE SERVICE À LA CLIENTÈLE EST AUTHENTIQUE.

Le service à la clientèle est un terme que l'on utilise si souvent qu'il a perdu son sens. Toute offre d'emploi pour le personnel de vente en a besoin, les acheteurs en discutent constamment et les directeurs et superviseurs insistent pour que leurs employés fournissent constamment un service à la clientèle exceptionnel.

Un excellent service à la clientèle ne se résume pas à un sourire amical, bien que ce soit un élément essentiel. Il ne s'agit pas seulement d'engager une conversation agréable, bien que les personnes travaillant dans le secteur du commerce de détail ou des services doivent être capables d'engager une conversation agréable. Il est important de comprendre qu'il ne s'agit pas du vendeur. Ce n'est jamais le cas.

Tout tourne autour du client. Est-ce surprenant?

En d'autres termes, si nous nous repositionnons pour voir le monde à travers les yeux du client, nous avons fait un pas important vers la réalisation de ce qu'est le véritable service à la clientèle. Le service à la clientèle n'est jamais une affaire de vendeur, ni de conclusion de vente, ni de sourire poli.

Il s'agit de fournir au client ce dont il a besoin (même s'il ne sait pas ce qu'il désire ou ce dont il a besoin). Il s'agit également de lui montrer que vous vous intéressez à lui en lui prêtant attention.

Le service à la clientèle, à la base, établit une connexion entre deux individus qui peut ne durer que quelques instants ou peut-être beaucoup plus longtemps s'ils deviennent réguliers. Il s'agit d'assurer leur bonheur.

Cela n'est pas possible d'un point de vue égoïste. Il sera toujours voué à l'échec. Par conséquent, si vous voulez fournir un service client exceptionnel, mettez votre ego sur une étagère dans le placard où il ne peut pas être vu et engagez-vous avec votre client aussi profondément que possible, selon ses termes. Personnalisez-le. Faites en sorte que tout tourne autour d'eux, et vous constaterez un changement significatif.

Naturellement, il existe des procédures et des pratiques pour fournir un excellent service à la clientèle, et elles sont importantes. Toutefois, elles doivent être mises en contexte dans le type de contact et de connexion dont il est question ici.

Vous serez en mesure de voir ce qu'ils voient depuis ce point de vue. Vous comprendrez mieux ce qu'ils recherchent et comment les approcher. Oui, vous voudrez conclure la vente, mais les techniques de vente tape-à-l'œil n'y parviendront pas.

De nos jours, la vente consiste entièrement à développer une relation personnelle. Si c'est tout ce qu'ils ont à offrir, nous sommes tous bien trop cyniques, blasés et avertis pour nous laisser influencer par un vendeur rusé et sa présentation.

Réfléchissez à la dernière expérience positive que vous avez eue dans un établissement de vente au détail.

Vous souvenez-vous de ce qui a contribué à vous faire croire qu'il s'agissait d'une expérience positive ?

S'agissait-il d'un argumentaire de vente habile ou de l'intérêt sincère manifesté à votre égard par une personne qui a interagi avec vous ou qui vous a même laissé tranquille jusqu'à ce que le moment idéal se présente, ce qu'elle a reconnu en vous surveillant ?

En tant qu'expert du service clientèle, quel que soit le secteur dans lequel vous travaillez, vous irez au-delà des attentes pour fournir aux gens ce qu'ils recherchent avec honnêteté, intégrité et authenticité. Le service à la clientèle réagira.

Si l'un de ces éléments est absent, le client du XXIe siècle le remarquera immédiatement.

C'est pourquoi les détaillants traditionnels survivront à l'internet. De nombreuses personnes aspirent à une touche personnelle et à un contact personnel. Si vous apportez autant de vous-même à la transaction que de biens ou de services, vous offrirez une expérience client supérieure, ce qui est tout ce qu'ils demandent. Tout est une question de personnes. Vous serez rémunéré.

Grâce à l'expertise du secteur, aux secrets d'initiés et aux vidéos montrant comment démarrer, rien ne vous empêche de devenir votre patron et de vous constituer un actif. Vous trouverez même des conseils sur la manière de vendre votre entreprise si vous décidez de prendre votre retraite.

CHAPITRE 8
LE SERVICE CLIENTÈLE EST COMPARABLE À CELUI DES RENCONTRES.

L'élément le plus important de votre formule de réussite est votre consommateur ; il n'y aurait pas de commerce de détail sans lui. Les consommateurs sont plus avisés et plus conscients que jamais. Ils sont plus exigeants et disposent de plus d'options que par le passé.

Si vous compariez le commerce de détail d'aujourd'hui à celui d'il y a trois ans, vous auriez affaire à un secteur différent. Auparavant, les clients acceptaient un service à la clientèle de qualité inférieure comme la norme. Le client d'aujourd'hui refuse de le tolérer, est bruyant et peut influencer les autres en ligne et hors ligne !

Il ne suffit pas de comprendre vos consommateurs ; vous devez également comprendre leurs désirs, ce qui les attire, leur localisation et la manière de les servir. Vous devez également reconnaître que toutes les personnes qui entrent dans votre magasin ne sont pas des clients et que vous ne pouvez pas être tout pour tout le monde. Par conséquent, choisissez et définissez votre client avec soin.

Le profil du client idéal vous garantira d'acheter le bon produit, d'embaucher les personnes appropriées et de communiquer efficacement, maximisant ainsi la rentabilité de votre entreprise.

Chaque entreprise ne propose pas vraiment les produits en rayon ; elle vend plutôt un service à la clientèle, ce qui la différencie des autres magasins. Le service à la clientèle est traditionnellement considéré comme la résolution de problèmes ; les clients viennent dans votre magasin avec un besoin dont ils ne sont peut-être pas conscients. C'est à vous de résoudre le problème ou de trouver quelque chose qui réponde à ce besoin.

Après avoir défini votre consommateur et ses demandes, vous pouvez commencer à développer une relation avec lui. En répondant à leurs demandes, vous gagnerez leur confiance et leur confort ; ils se sentiront à l'aise d'acheter dans votre magasin, vous reconnaîtront comme l'autorité et seront convaincus d'en avoir pour leur argent.

Définir ce qui constitue un excellent service à la clientèle est plus difficile qu'il n'y paraît. Il ne s'agit pas simplement de dire "s'il vous plaît" et "merci" et de sourire aux clients lorsqu'ils entrent dans le magasin (bien que ces éléments soient également importants !).

Le service à la clientèle consiste à fournir aux clients ce qu'ils veulent quand ils le veulent. Le service à la clientèle comprend tous les éléments et facettes de votre organisation qui expriment la manière dont votre magasin et vos produits répondent aux besoins et aux désirs du client.

S'il est admirable de développer des relations, vous devez aussi avoir les produits pour les soutenir.

Un service à la clientèle exceptionnel implique d'aller au-delà de ce que le client attend ou rencontre chez vos concurrents. Il doit être cohérent et fiable.

L'excellence du service à la clientèle se manifeste avant, pendant et après la vente.

Dans l'environnement actuel de la vente au détail, l'avantage concurrentiel de chaque entreprise sera son service à la clientèle. Il ne suffit plus de fournir un service à la clientèle tout juste adéquat ; vous devez vous efforcer de fournir un service à la clientèle exceptionnel pour vous différencier. Malgré le rôle important qu'il joue dans la réussite de l'entreprise, de nombreux commerçants continuent de se tromper et d'avoir des normes peu élevées.

Considérez le service à la clientèle exceptionnel de la même manière que vous considérez les rencontres amoureuses.

L'attraction, l'apprentissage de la connaissance et de la confiance, la familiarité et le confort, et enfin, le besoin d'être constamment ensemble !

Excitez et séduisez vos clients existants, nouveaux et potentiels pour garantir que la relation se construise et continue de s'épanouir.

Historiquement, les gens cherchaient un conjoint avec qui fonder une famille en suivant les normes sociales, et ni les détaillants ni les consommateurs n'accordaient une grande importance au service à la clientèle.

Les attentes ont radicalement changé ; les gens recherchent un partenaire capable de répondre à de nombreuses exigences, et les clients veulent un service clientèle exceptionnel. Les clients et les séducteurs sont désormais à la recherche de "l'ensemble complet".

Considérez les éléments importants suivants d'un service clientèle exceptionnel par rapport aux rencontres amoureuses:

* Si vous voulez attirer immédiatement l'attention d'un client, vous devez investir dans votre apparence, et pas seulement pour la première rencontre ou le premier rendez-vous ; vous devez toujours être à votre avantage.

* Vous devez TOUJOURS être honnête, gentil et respectueux.

* Vérifiez que vous avez suffisamment de points communs, sinon vos objectifs ne seront pas atteints et vous perdrez le temps de l'autre.

* Évitez de faire des promesses que vous ne pourrez pas tenir et tenez vos promesses!

* Soyez réaliste ; évitez de tenter de transformer les gens en ce qu'ils ne sont pas.

* Adaptez votre approche et votre "langage" au sujet ; vous devez être capable de vous adapter.

* Interrogez et ÉCOUTEZ les réponses

* Recueillez autant d'informations que possible sur eux et incluez-les dans votre communication afin de donner du sens à votre interaction avec eux.

* Une fois que vous avez déterminé leurs besoins actuels, pensez à leurs besoins futurs.

* Utiliser l'humour et l'imagination pour établir et maintenir une relation

* Lorsque vous passez du temps ensemble, gardez votre regard sur eux et non sur ce qui se passe ailleurs.

* Maintenez une communication et un contact constants entre vous ; évitez de perdre le contact.

* Reconnaissez la critique constructive comme une méthode pour renforcer la relation et éventuellement changer certaines de vos habitudes négatives!

* Exprimez-leur votre gratitude chaque fois que l'occasion se présente - montrez-leur à quel point ils sont appréciés.

* Reconnaître que, parfois, il faut perdre une bataille pour gagner la guerre.

Il y aura des moments où vous devrez vous excuser auprès d'un client apprécié, même si vous avez raison, afin de maintenir une relation à long terme.

* Encouragez-les à parler de vous à leurs amis!

* Étonnez-les par votre considération

* Comme nous le savons tous, si l'un de ces éléments n'est pas authentique et maintenu, la relation échouera, ce qui vous obligera à répéter le processus jusqu'à ce que vous y arriviez!!

Lorsque vous atteignez ce niveau de service à la clientèle exceptionnel, vos clients achètent librement. Lorsque vous proposerez un produit complémentaire, les clients le verront comme une idée utile, et non comme un vendeur pressant qui cherche à faire une vente. C'est la position dans laquelle vous voulez être pour réaliser des ventes lucratives.

J'ai autrefois travaillé dans une entreprise en tant que responsable du département de Manchester. Nous avions des clients fréquents, et mon personnel et moi mettions un point d'honneur à nous souvenir de ce qu'ils avaient acheté ou apprécié. Si un nouveau stock arrivait et que nous pensions qu'il leur plairait ou si un modèle qu'ils avaient acheté était en vente, nous leur téléphonions (il n'y avait pas d'e-mail ou de SMS à l'époque !) avant qu'il ne soit mis en rayon ou que la vente ne commence.

Nous les faisions se sentir spéciales/importantes et leur offrions de la valeur. Plus de 50 % de ces entretiens ont débouché sur une vente, et plus de 50 % des ventes se sont traduites par l'ajout de produits supplémentaires à l'achat.

Vous voulez que les clients prennent goût à votre service clientèle supérieur et reviennent pour en avoir plus. Chaque fois que les clients reviennent, ils renforcent leur décision de visiter votre magasin et repartent en se sentant mieux que la fois précédente. Ce revenu récurrent est plus rentable que la vente initiale.

Il est coûteux d'acquérir de nouveaux clients. Le coût d'acquisition d'un nouveau client est plus du double de celui de la fidélisation d'un client existant. Pour assurer la rentabilité de votre entreprise, vous devez disposer d'une clientèle à fort taux de retour/répétition.

Seuls 60 % des clients ravis reviennent faire des affaires avec vous. Par conséquent, vous devez vraiment vous efforcer de satisfaire à 100 % vos clients pour assurer la réussite de vos affaires récurrentes.

Un service à la clientèle exceptionnel est un domaine qui doit être maintenu et réinventé en permanence pour empêcher les clients d'aller voir ailleurs. Il est important de le maintenir et de le faire évoluer pour conserver l'intérêt. N'oubliez pas qu'il existe une ligne délicate ; évitez de devenir trop familier avec votre client.

Créez une stratégie pour attirer les nouveaux clients et ceux qui reviennent. Vous devez employer des stratégies distinctes pour attirer et conserver chaque type. Si votre stratégie et vos systèmes ont été conçus de manière appropriée, cela se fera naturellement et sans effort. Nous collaborons avec nos clients pour effectuer une analyse commerciale et concevoir un système et un programme permettant d'obtenir les meilleurs résultats.

CHAPITRE 9
POURQUOI VOS POLITIQUES DOIVENT ÊTRE ADAPTÉES AUX BESOINS DES CLIENTS.

Fournir un excellent service à la clientèle est important pour le succès de toute petite entreprise. C'est pourquoi je me demande souvent pourquoi de nombreuses entreprises adoptent des règles peu favorables à la clientèle.

Voici mon évaluation de la situation et ce que vous pouvez faire pour protéger votre entreprise.

Vous souvenez-vous du système de notation en cloche de vos années d'école ?

Seuls un ou deux élèves recevaient les meilleures notes, et seuls un ou deux élèves recevaient les plus mauvaises notes ; le reste était regroupé dans un grand groupe quelque part au large milieu. La même chose se produit avec vos clients. Il y a quelques clients problématiques, quelques clients exceptionnels, et la grande majorité des consommateurs au centre.

Le problème se pose lorsque vous commencez à créer des politiques basées sur les actions d'une poignée de vos pires clients - comme des chèques sans provision, des chèques-cadeaux offerts en double, des tentatives d'escroquerie lors d'un retour, ou des plaintes concernant votre politique d'échange.

Personne n'aime qu'on profite de lui.

Cela irrite les bases fondamentales de notre esprit d'entreprise. Lorsque quelques mauvaises pommes nous prennent pour acquis ou se plaignent de nos meilleurs efforts, notre réaction naturelle est de concevoir des mesures pour empêcher quiconque de le faire à l'avenir. Nous donnons tout à nos entreprises et à nos clients, et nous espérons que nos clients le remarquent et nous en remercient.

Si, en revanche, vous fondez vos règlements commerciaux sur ce que pourraient faire les 2 % de clients les plus coriaces, vous êtes certain de créer des politiques qui dérangent et ennuient les 98 % restants de vos bons et incroyablement bons clients. C'est un mauvais service à la clientèle et une mauvaise affaire.

Faites donc preuve de prudence.

Rappelez-vous, ne laissez pas quelques problèmes déterminer votre politique.

Si vous recevez quelques chèques sans provision, ne cessez pas d'accepter les chèques locaux ; si quelques clients retournent des marchandises achetées il y a plus d'un an, n'imposez pas une politique de retour stricte ; et si quelqu'un profite d'offres multiples, ne commencez pas à remplir chaque chèque-cadeau de paragraphes en petits caractères.

Acceptez ces rencontres négatives comme un coût de l'activité et suivez les conseils des 98 %

restants de vos clients - vous serez plus heureux et plus prospère à long terme.

Nous recevons souvent un service de qualité médiocre qui manque d'enthousiasme ou de volonté de nous faire vivre une expérience mémorable qui nous fidélisera ou nous fera revenir. Pourquoi certaines entreprises ne reconnaissent-elles pas qu'un service à la clientèle moyen ne suffit plus, et comment peuvent-elles recruter les talents nécessaires à leurs fonctions ?

Ce n'est un secret pour personne que nous restons fidèles lorsque nous recevons un service exceptionnel. J'ai récemment rencontré un excellent service à la clientèle ! Enfin, en allant au-delà des attentes et en faisant preuve d'une connaissance supérieure du produit/de la marchandise, de patience et d'un véritable désir d'aider, non seulement je suis reparti avec un sentiment unique, mais j'ai reçu un service qui me fera revenir.

Mon expérience n'a pas été aussi courante qu'elle devrait l'être - malheureusement, les expériences de service à la clientèle merveilleuses ne se produisent que rarement, alors qu'elles devraient se produire chaque fois que nous entrons dans un magasin ou une entreprise.

Dans le climat changeant d'aujourd'hui et avec toutes les options de consommation disponibles - y compris les achats sur Internet depuis le confort de son propre domicile - il est important d'attirer un personnel excellent qui continuera à améliorer le niveau de service et de leadership au sein d'une organisation. Une fois que vous avez attiré les talents, il convient de mettre l'accent sur l'apprentissage, la connaissance des produits et l'expérience client.

Les détaillants ont toujours eu du mal à recruter et à conserver du personnel de terrain qualifié - expérience client/ventes/gestionnaires de magasin/opérations, etc. - en raison de l'échelle salariale généralement basse du secteur et du fait que les talents embauchés n'apportent pas la passion et le dévouement nécessaires à leurs fonctions.

Certains détaillants avant-gardistes ont reconnu l'importance de rémunérer leurs employés en fonction du talent recherché et du marché, ce qui leur permet d'attirer ces candidats/employés de haut niveau.

Il peut être difficile de trouver un cabinet de recrutement qui travaille avec ces détaillants, car beaucoup prétendent être des spécialistes de la vente au détail mais n'ont pas la connaissance approfondie nécessaire du secteur, du client et de l'adéquation.

L'avantage d'un partenariat avec une société de recherche qui " comprend " peut vous aider à vous démarquer auprès de ces détaillants - grâce à un véritable partenariat de recrutement dans le secteur de la vente au détail dans lequel votre recruteur et votre agence comprennent le type de consommateur servi par leur client, ainsi que la culture et l'adéquation qui sont importantes pour l'organisation de leur client.

CHAPITRE 10
MYTHES COMMUNS SUR LE BON ET LE MAUVAIS SERVICE CLIENT MAUVAIS SERVICE CLIENT.

Au cours d'une journée normale, une personne moyenne interagit entre une et cinq fois avec un agent du service clientèle. Certaines interactions avec le service clientèle sont considérées comme "excellentes", tandis que d'autres sont qualifiées par dérision de "médiocres". Lorsqu'une personne reçoit ce qu'elle considère comme un excellent service à la clientèle, elle poursuit souvent sa journée comme si de rien n'était.

Si cette même personne a une expérience négative du service client, elle n'hésitera pas à en parler à qui veut bien l'entendre. En général, je ne tiens pas compte de cette dernière pour une raison importante : quelqu'un comprend-il vraiment ce qu'est un service clientèle efficace ?

Avec plus de dix ans d'expérience en tant que représentant du service clientèle et gestionnaire dans diverses entreprises, j'ai rencontré ma part de clients mécontents. Pour être franc, très peu d'entre eux avaient une raison légitime d'être mécontents. Ils m'ont convoqué, prêts à en découdre.

L'expérience antérieure peut réduire les attentes.

Dans d'autres cas, des expériences antérieures avec un service client extrêmement mauvais peuvent laisser à une personne une impression négative des employés du service client, l'incitant à passer à l'offensive dès qu'elle décroche le téléphone.

Je vais illustrer cela par un exemple : il y a quelques années, je me suis inscrit dans une salle de sport et j'ai suivi des séances d'entraînement personnel. Au bout d'un certain temps, je me suis rendu compte que les séances étaient trop chères et que je n'avais pas beaucoup de temps pour y assister, alors j'ai abandonné le programme.

Il m'a fallu au moins une heure de négociation avec le vendeur initial, son directeur et le directeur général pour résoudre le problème. Et même là, on m'a demandé de payer des frais d'annulation. Ils ont essayé de me faire souscrire à un plan moins cher, de reporter mes rendez-vous plutôt que de les annuler et même de prendre des congés pour pouvoir assister aux séances. C'est absurde !

Je me suis retrouvée dans une situation similaire dans une autre salle de sport il y a quelques mois. Les séances d'entraînement n'en valaient pas la peine et finissaient par entrer en conflit avec d'autres engagements. J'ai composé le numéro du gymnase, déjà dans une attitude aigre parce que je m'attendais à une bagarre avec toute personne à qui je devais parler.

À mon grand étonnement, la première personne à qui j'ai parlé a tout simplement annulé les séances sans poser de questions. Je m'étais préparé, prêt à m'en prendre à la première personne qui m'avait donné du fil à retordre pour mon annulation, et cela s'est avéré être l'une des expériences de service à la clientèle les plus agréables que j'aie jamais eues.

La perception est importante lorsqu'il s'agit de service à la clientèle.

Souvent, cependant, ce qu'un client perçoit comme un "mauvais service à la clientèle" est tout à fait bon ; ce n'est que son interprétation des circonstances. L'industrie de l'ameublement est un exemple classique de la façon dont l'incompréhension du service à la clientèle par un client peut l'amener à croire qu'il a reçu un "mauvais service à la clientèle".

Lorsque je travaillais dans l'industrie du meuble, j'ai souvent rencontré des personnes qui criaient, hurlaient et même m'insultaient en réponse à une politique écrite. Par exemple, les livraisons de meubles sont souvent programmées avec une fenêtre d'arrivée de quatre heures.

Il s'agit d'une norme de l'industrie parce que chaque maison est unique et qu'il est impossible de prédire le temps que prendra chaque livraison avant l'arrivée des chauffeurs. Les livraisons sont réparties géographiquement pour permettre aux véhicules de faire autant d'arrêts que possible ; par conséquent, une heure précise de la journée ne peut être garantie.

Chaque client a été informé de la notion de délais de livraison et de la manière dont ils étaient planifiés au moment de l'achat de ses meubles, puis au moment de la livraison. Naturellement, pour certains clients, cela s'est avéré insuffisant.

Bien qu'ils aient été informés deux fois auparavant et que la politique de livraison écrite ait été jointe à leur ticket de caisse, ils s'étaient mis en tête qu'ils étaient uniques et pouvaient choisir leur heure de livraison. Bien que nous soyons disposés à les accommoder, c'était souvent impossible lorsque les camions étaient déjà chargés.

Ces appels téléphoniques se terminaient souvent par des déclarations telles que "c'est un mauvais service à la clientèle", "je ne ferai plus jamais d'achats chez vous", "ce n'est PAS comme ça qu'on gère une entreprise" ou, ma préférée, "je vais dire à tous mes amis de ne pas faire d'achats ici."

Erreurs courantes.

Il existe deux mythes très répandus sur ce qu'est réellement le service clientèle. Le premier est que le travail d'un représentant du service clientèle est d'exécuter les instructions du client sans poser de questions. Ceci est catégoriquement faux.

Le rôle d'un représentant du service clientèle est de fournir un service au client et de l'aider. Néanmoins, comme toute autre organisation, les entreprises ont des directives que leur personnel doit respecter et des règles spécifiques qui s'appliquent aux consommateurs.

L'incapacité ou le refus d'un employé de désobéir à ces directives ne devrait jamais être considéré comme un mauvais service à la clientèle. Dans de nombreuses circonstances, des restrictions sont mises en place pour protéger le client. Dans le cas d'un détaillant de produits médicaux, une grande partie de son stock est généralement non retournable pour des raisons de propreté.

Cette approche est parfaitement logique pour les sièges de toilettes, les chaises de douche et les accessoires de bain. Même si cette politique est affichée bien en évidence pour que les acheteurs puissent la consulter avant d'acheter l'article, de nombreuses personnes cherchent encore à retourner les articles.

Même s'ils savent que le produit n'est pas retournable et qu'ils n'achèteraient jamais un article usagé de ce type, ils estiment que le commerçant devrait accepter le retour de l'article s'ils décident qu'ils n'en veulent plus, et si le détaillant refuse, l'acheteur considère la situation comme un "mauvais service à la clientèle."

L'autre malentendu courant est que le rôle d'un représentant du service clientèle est d'accepter les insultes d'un client. Ce comportement est tout à fait inapproprié et immature. Vous ne résoudrez jamais un problème en criant, en hurlant ou en insultant la personne à l'autre bout du fil. Dans 99 % des cas, la personne qui parle au client n'est pas responsable de la raison de son appel.

Qu'un consommateur passe une mauvaise journée ou qu'il ait eu des rapports négatifs avec une entreprise dans le passé, cela ne l'excuse pas de déverser sa colère sur la première personne qui répond au téléphone. D'innombrables fois, j'ai dû raccrocher parce que quelqu'un avait dépassé les bornes et s'était mis à me critiquer personnellement parce qu'il n'était pas satisfait de l'entreprise.

Suggestions de l'assistance clientèle.

Alors, qu'est-ce qui constitue un excellent service à la clientèle ? Le service à la clientèle est un ensemble de facteurs qui permettent d'offrir une expérience de service à la clientèle parfaite.

1. Des explications concises et précises : En général, un client en colère est peu instruit. Dans le

cas du détaillant de meubles, le consommateur doit recevoir une description approfondie du processus de livraison. Ne partez jamais du principe que l'acheteur est déjà au courant.

Si vous ne pouvez pas fournir un service à un client en raison d'une règle, expliquez pourquoi. Dans le cas de la société de cartes de crédit, le représentant doit expliquer au consommateur que les règles de changement de compte sont en place pour protéger à la fois le titulaire de la carte et la société de cartes de crédit contre la fraude.

2. Une attitude calme et polie : Si un représentant du service clientèle n'a pas l'air aimable au téléphone ou est tout simplement désagréable avec les gens, il devrait chercher un emploi ailleurs.

La façon dont un représentant interagit avec un client affecte directement la réaction de ce dernier. Un bon représentant du service à la clientèle s'adressera au client de manière respectueuse, en utilisant son prénom uniquement si la permission lui est accordée, et n'élèvera JAMAIS la voix.

Un représentant du service clientèle ne doit jamais essayer de parler par-dessus un client, ni augmenter le volume de sa voix en réponse au consommateur qui devient de plus en plus bruyant. Quelle que soit la partie qui semble gagner une joute oratoire entre un consommateur et un représentant, l'agent du service clientèle a perdu en s'impliquant.

3. Soyez très attentif (et notez-le si nécessaire !): La pire chose qu'un professionnel de l'assistance clientèle puisse faire est d'ignorer le consommateur au téléphone. Il doit éliminer toute distraction et prêter une attention particulière au client, en prenant des notes si nécessaire. Un représentant du support client intelligent évitera de répéter la même question.

4. Ne promettez rien et livrez plus : Il s'agit d'un adage séculaire dans le domaine du service clientèle. Une grande partie de la façon dont les consommateurs perçoivent leur expérience globale sera déterminée par les attentes établies. Si le représentant du service clientèle doit rappeler le

client, il est important de prévoir un délai suffisant pour le rappel.

Un représentant professionnel ne dépassera jamais le temps imparti pour contacter le client et prévoira toujours un délai plus que suffisant. Il en va de même lorsque les produits sont expédiés à un client ; si le temps de transit est généralement de 3 à 4 jours, indiquez 4 à 6 jours au consommateur. Si les consommateurs reçoivent le produit plus tôt, ils seront encore plus ravis et percevront leur expérience comme un "excellent service client"."

5. Des politiques affichées bien en évidence : Ceci est particulièrement important pour les détaillants en ligne. Si un produit n'est pas retournable, le détaillant est tenu d'afficher cette information à un endroit bien visible où le client peut et veut la voir avant d'acheter l'article.

Le lien entre le client et le consommateur laisse perplexe, notamment lorsqu'il s'agit de définir ce qui constitue un bon et un mauvais service à la clientèle. L'essentiel est que les deux parties fassent preuve de patience et se souviennent qu'elles comptent l'une sur l'autre pour atteindre leur objectif final : une expérience de service client positive.

CHAPITRE 11
COMMENT OFFRIR UN SERVICE CLIENT EXCEPTIONNEL DANS LE SECTEUR DU COMMERCE DE DÉTAIL.

Un service à la clientèle à la fois efficace et opportun est vital dans tout secteur. C'est particulièrement vrai dans le secteur de la vente au détail, car une entreprise qui ne fournit pas un service à la clientèle excellent et rapide perdra de nombreux clients.

Par conséquent, pourquoi avez-vous besoin d'un service clientèle efficace?

Tout d'abord, supposons que vous ayez récemment acheté un produit dans l'un des grands magasins de détail et que vous ayez eu par la suite un problème avec la marchandise, ce qui vous a incité à contacter le magasin pour obtenir un remplacement. Le point de vente vous propose alors deux choix:

- Ils prennent le temps d'écouter votre problème individuel et de vous proposer une solution.

- Ils inventent des justifications pour refuser de remplacer votre marchandise.

Comme vous pouvez le constater, le premier choix est plutôt bon pour fidéliser les clients ; en revanche, le second vous laissera mécontent et peu enclin à fréquenter à nouveau ce magasin. Le secteur du commerce de détail a besoin d'un service clientèle de qualité supérieure pour maintenir sa position sur le marché et sa réputation.

Revenons maintenant à la question initiale : "Comment le secteur du commerce de détail peut-il offrir un service à la clientèle exceptionnel ?"

Il y a quelques éléments importants à retenir dans ce cas. Voici quelques-uns des plus significatifs.

a. Former les démonstrateurs en magasin ou les représentants du service clientèle.

C'est un point important car ce sont eux qui auront affaire aux clients en premier lieu. Par conséquent, il est important qu'ils puissent répondre à toutes les questions que les clients peuvent se poser et fournir une réponse.

En outre, tous les consommateurs ne sont pas suffisamment compétents et s'en remettent souvent à ces agents d'assistance à la clientèle pour les aider à choisir un produit et à prendre une décision d'achat finale.

b. Bureau des plaintes.

Parfois, les clients peuvent être trompés ou maltraités par le personnel du magasin. Un bureau des doléances doit toujours être disponible pour que les clients puissent faire part de leurs préoccupations.

Cela montre que le magasin se soucie réellement de ses clients et qu'il est tout à fait disposé à les aider en cas de problème.

c. Inclure les numéros de téléphone et autres informations de contact pour les supérieurs.

Lister les numéros de téléphone et autres informations de contact des hauts responsables du magasin, comme les adresses électroniques officielles, peut être une étape bénéfique pour offrir un service clientèle efficace dans le secteur de la vente au détail.

C'est important car le client doit savoir qui contacter si ses préoccupations restent sans réponse ou s'il a des idées ou des plaintes concernant les produits ou les employés.

Le secteur de la vente au détail est extrêmement compétitif. Au fil du temps, il est devenu évident que les établissements qui génèrent le plus de ventes peuvent offrir une excellente expérience globale au client.

Le fait d'avoir les derniers produits ou articles à la mode contribuera sans aucun doute à générer des ventes. Toutefois, en fin de compte, c'est le niveau de service à la clientèle fourni par le magasin qui détermine si le consommateur reviendra à l'avenir.

CHAPITRE 12
FORMULER UNE STRATÉGIE DE SERVICE À LA CLIENTÈLE.

Il importe peu qu'un magasin offre les "meilleurs produits" possibles dans le commerce de détail si un client mécontent s'impose ou si aucun client n'est présent pour les acheter. Les clients sont l'atout le plus précieux d'un détaillant, sans lesquels les détaillants périraient. Il est fortement conseillé de recourir aux RSE comme technique principale pour obtenir une entreprise appréciée et florissante.

Dès qu'un consommateur entre dans un établissement de vente au détail, l'aspect et la sensation sont immédiatement apparents. L'éclairage vif et les couleurs chaudes affectent immédiatement la perception du client, établissant un lien émotionnel entre lui et le magasin.

Une belle conception du magasin, qui permet de localiser facilement les articles, et des employés serviables qui répondent aux demandes des clients contribuent rapidement à améliorer l'expérience d'achat de ces derniers. En accordant une attention particulière aux caractéristiques esthétiques, les commerçants peuvent augmenter la valeur perçue de leurs produits et services.

Le respect des facteurs esthétiques est un élément important de la façon dont le personnel de vente au détail traite les consommateurs. Le personnel de vente au détail est le visage de l'organisation. En tant que premier point de contact, leur approche, leur conduite et leur capacité à établir un rapport détermineront l'image de la marque.

Grâce aux plaintes des consommateurs, les détaillants peuvent communiquer avec eux et recueillir des informations spécifiques sur leurs services et produits. Voici quelques-unes des plaintes les plus courantes des clients:

1. Déformation des produits et malhonnêteté : Les clients s'attendent à être traités équitablement.

2. Traitement grossier, impoli et irrespectueux des employés : Les employés doivent traiter les clients avec dignité et respect.

3. De longues files d'attente aux caisses : Les clients veulent attendre pendant une courte période, pas pendant des heures.

4. Personnel ignorant : Les clients sont irrités par les employés qui ne répondent pas, semblent agacés par les demandes ou ne connaissent pas bien les produits.

5. Des employés ayant de mauvaises priorités : Les employés qui privilégient leurs intérêts au détriment des besoins de l'entreprise irritent les clients.

Les clients réagissent souvent de manière émotionnelle aux problèmes de service. Les détaillants doivent leur permettre d'évacuer leurs frustrations sans interruption. Ils doivent faire preuve de patience et d'empathie. Le traitement des plaintes des consommateurs donne aux commerçants l'occasion d'aborder les problèmes liés au service.

Les clients évaluent leurs attentes concernant les services qu'ils obtiennent. Les attentes diffèrent selon le type de magasin visité. Un client qui visite un magasin spécialisé dans l'électronique s'attend à ce que les vendeurs soient bien informés.

Dans ce cas, les vendeurs doivent être parfaitement au courant des produits proposés et être capables de les présenter. Si les consommateurs ne peuvent pas trouver un représentant commercial en cas de besoin, ils seront rapidement insatisfaits.

La clé du développement d'une stratégie efficace de RSE est de penser de manière créative aux attentes des consommateurs et de se différencier sur des caractéristiques de service importantes qui font défaut aux concurrents. Les détaillants peuvent créer un design et une atmosphère de magasin attrayants en segmentant leur clientèle.

Les professionnels de la vente au détail doivent posséder des capacités d'écoute supérieures, des compétences générales, des aptitudes téléphoniques, des capacités rédactionnelles et la capacité de traiter avec des consommateurs difficiles. Répondre aux attentes des consommateurs de manière innovante et créative peut encourager les clients à revenir chez les commerçants et contribuer à diffuser un bouche-à-oreille positif, ce qui permet d'attirer de nouveaux clients.

CHAPITRE 13
AUGMENTATION DU SERVICE CLIENTÈLE ET DES VENTES GRÂCE AUX TÉLÉAVERTISSEURS DE DÉTAIL.

Dans l'environnement high-tech d'aujourd'hui, le marketing interactif est important pour offrir un service clientèle de qualité et accroître la rentabilité de votre entreprise. Avec la vidéo, cette nouvelle méthode de marketing est désormais omniprésente.

Les clients font souvent des recherches en ligne, comparent les prix et se rendent dans les magasins de détail pour acheter les articles qu'ils désirent. La plupart des gens aiment acheter des produits en personne, ce qui est particulièrement crucial si vous avez besoin de voir la qualité ou la coupe du produit avant de l'acheter.

Selon le Credit Suisse, 87 % des personnes effectuent des recherches sur Internet avant de se rendre dans un magasin traditionnel. L'année prochaine, les recettes de détail générées par ce type d'achats pourraient dépasser 1 100 milliards de dollars. On estime que cela représentera environ la moitié de toutes les ventes au détail.

Impressionner le consommateur et fournir un service client exceptionnel sont des éléments importants de toute stratégie de vente au détail. L'intégration d'un système de radiomessagerie de haute qualité et d'un système de radio bidirectionnelle vous procurera un avantage considérable.

Les téléavertisseurs alphanumériques sont avantageux pour tout le personnel de vente au détail. Ils peuvent être peu coûteux et simples, ce qui en fait une excellente alternative pour les propriétaires et les gérants de magasins.

Les membres du personnel peuvent recevoir des notifications instantanées par le biais d'une unité de notification instantanée ou d'une application informatique sur laquelle le programme est installé. Cela donnera à votre entreprise un avantage sur les concurrents qui ne disposent pas de ce système. Des téléavertisseurs numériques sont également disponibles pour être utilisés avec des messages codés si nécessaire.

Les acheteurs peuvent bénéficier d'un autre type de téléavertisseur qui leur permet de mener d'autres activités en attendant l'aide de l'établissement de vente au détail. Les clients peuvent consulter d'autres marchandises dans l'établissement et faire le meilleur usage de leur temps limité.

Les opérations de vente au détail sont chaotiques, car de nombreuses activités se déroulent devant et derrière les coulisses. Le personnel doit être contrôlé, les stocks doivent être maîtrisés et les fonds doivent être surveillés. Les clients ne doivent pas être conscients de certaines de ces opérations qui se déroulent directement devant eux, car ils veulent et doivent se concentrer sur leurs achats.

Les radios bidirectionnelles sont également avantageuses dans un commerce de détail. C'est un excellent outil pour le personnel qui attend un client ou qui doit vérifier l'inventaire dans une arrière-boutique. Ils n'ont pas besoin d'être distraits ou dérangés par un haut-parleur qui hurle des instructions à un employé du magasin.

L'ambiance est plus celle d'un stade que celle d'un magasin de détail. Toute question ou demande de service de la part d'un client, traitée avec calme et respect, l'amènera à revenir souvent dans le magasin.

CHAPITRE 14
LE CHAT DU SERVICE CLIENTÈLE EST IMPORTANT POUR LES COMMERÇANTS EN LIGNE.

Le chat en direct est une fonctionnalité essentielle pour les commerçants en ligne. Les boutiques en ligne qui souhaitent maintenir une présence en ligne doivent disposer d'un système robuste pour fournir une assistance à leurs clients.

Le service de chat en direct sur un site Web est un exemple de solution d'assistance client dynamique qui est excellente pour fournir une assistance à la clientèle, une assistance avant et après-vente, et pour réduire les dépenses de fonctionnement des centres d'appels.

Une grande partie des détaillants en ligne en sont venus à apprécier le service de chat pour la clientèle, car il permet aux entreprises de fournir la même qualité d'assistance à la clientèle en ligne qu'en magasin. Il permet d'offrir une expérience client supérieure tout en préservant la réputation de la marque.

Selon le rapport de recherche 2010 sur l'efficacité du chat en direct de Bold Software, 77 % des clients ont déclaré que leur rencontre avec le chat en direct avait eu un effet favorable sur leur opinion à l'égard de la boutique en ligne.

Préférence Moyenne.

Le service clientèle par chat en direct est le moyen de communication le plus "préféré". Selon le rapport de recherche 2011 sur l'efficacité du chat en direct de Bold Software, 77 % des acheteurs en ligne préfèrent le chat du service clientèle car il leur permet d'obtenir une réponse instantanée à leurs problèmes.

Parmi les autres facteurs qui contribuent à la popularité du chat en direct, citons son efficacité en tant qu'outil de communication, la possibilité d'être multitâche pendant le chat, le bon fonctionnement du chat en direct et la capacité d'obtenir plus d'informations que les conversations par courrier électronique ou par téléphone.

Augmentation des ventes.

Le chat d'assistance à la clientèle est un outil incroyablement efficace pour servir les clients nouveaux et existants, augmenter les conversions en ligne et générer des ventes. En outre, des études ont montré que le chat en direct sur le site Web améliore les taux de conversion en ligne tout en réduisant de 20 % le nombre d'appels entrants.

Le chat d'assistance client contribue à l'augmentation des ventes en améliorant l'expérience client, car les agents peuvent rapidement résoudre les problèmes, fournir une assistance technique et bien plus encore. Cela améliore la réputation globale du détaillant aux yeux de ses clients.

Réduction du taux d'abandon des paniers d'achat.

Chaque commerçant en ligne est préoccupé par l'abandon du panier d'achat. De nombreuses raisons peuvent être invoquées pour expliquer pourquoi les acheteurs abandonnent leur chariot. Des procédures compliquées, des informations insuffisantes sur le produit ou sur les politiques d'expédition et d'échange, un manque de réactivité du service clientèle, ainsi qu'une foule d'autres facteurs peuvent tous conduire à une augmentation du taux d'abandon du panier d'achat.

Selon Forrester Research, 88 % des internautes abandonnent leur panier d'achat au moment du paiement. Les entreprises en ligne peuvent mieux cibler leurs clients et finaliser leurs commandes en ligne en attente grâce au chat d'assistance à la clientèle.

Le chat d'assistance à la clientèle permet aux commerçants en ligne de fournir un service clientèle de qualité supérieure, ce qui se traduit par une augmentation des conversions en ligne. Les détaillants en ligne peuvent obtenir des informations importantes sur le comportement et les tendances des clients grâce au chat d'assistance à la clientèle.

De nombreux systèmes de chat en direct proposent des fonctions étendues qui fournissent des statistiques et des informations précieuses sur le marché, qui peuvent être utilisées pour améliorer la stratégie de chat d'assistance à la clientèle.

CHAPITRE 15
ACCROÎTRE LA RENTABILITÉ DE VOTRE ENTREPRISE GRÂCE À UN SERVICE CLIENTÈLE DE QUALITÉ SUPÉRIEURE.

Aussi banal que cela puisse paraître, le client est en effet roi. Sans client, il n'y a pas d'entreprise. Le service et la satisfaction du client commencent dès que vous établissez les bases de votre entreprise et se poursuivent jusqu'à ce que vous ayez le désir ardent de la maintenir à flot et de la faire prospérer. Un consommateur satisfait se traduit par plus d'affaires et, grâce à la loi du réseautage, par une base de clients accrue.

Alors, que pouvez-vous faire personnellement pour vous assurer que vous disposez d'un système bien huilé qui garantit qu'aucun consommateur n'a de raison de se plaindre et que votre entreprise fournit toujours un service à la clientèle pertinent, de haute qualité et rapide?

Reconnaître les désirs du client.

Les nouveaux entrepreneurs sont souvent motivés par l'excitation plutôt que par la logique et ont tendance à aller au-delà. La visibilité d'une entreprise est importante. Cependant, si vous commercialisez la lune, il est certain que les clients viendront la chercher.

Mettez un point d'honneur à ne vous engager que sur ce que vous êtes capable de fournir. Vous devez vous rendre compte que le client vous approche avec un besoin et qu'il veut qu'il soit satisfait immédiatement et selon les normes de qualité souhaitées et attendues, sans qu'on lui donne des réponses évasives.

Les clients ne s'attendent pas à des fioritures et à des cérémonies lorsqu'ils s'adressent à vous. Toutefois, si vous devez le faire, assurez-vous que cela n'est pas fait pour dissimuler une erreur ou une mauvaise tentative de vendre un produit de qualité inférieure. Si vous ne pouvez pas tenir une promesse, ne la faites pas. En revanche, si vous allez au-delà de la simple vente de votre produit et que vous offrez quelque chose d'inattendu au client, vous gagnerez sans aucun doute sa fidélité.

La communication est importante.

Vous pouvez avoir la meilleure équipe de service clientèle et les meilleurs vendeurs du monde, mais ils ne vous seront d'aucune utilité, ni au consommateur, s'ils ne peuvent pas communiquer correctement. Si vous avez eu la chance de développer une base de clients dévoués, prenez les mesures appropriées pour les conserver.

Tenez compte du bonheur du client. De nombreuses solutions logicielles existent pour aider les magasins à collecter des données sur les consommateurs qui peuvent être récupérées en cas de besoin.

Le marketing de bouche-à-oreille peut faire des merveilles pour votre entreprise. Informez vos clients bien à l'avance des promotions, des offres spéciales des festivals, des soldes de fin de saison et autres événements similaires. Vous pouvez être sûr que tous vos amis et parents en auront entendu parler avant la fin de la journée.

Faire en sorte qu'un consommateur se sente désiré et spécial peut améliorer considérablement la valeur de la connexion. Les mailings et les appels téléphoniques préalables à l'événement vous permettront d'obtenir un taux de participation beaucoup plus élevé que prévu le premier jour. Les détaillants sont connus pour organiser une journée réservée aux membres avant l'ouverture au grand public de la vente.

Plaintes, demandes de renseignements et commentaires.

Le retour d'information est un outil incroyable, car il permet d'identifier vos erreurs et les mesures à prendre pour les corriger. En revanche, si vous recueillez des commentaires et que vous n'en faites rien, vos consommateurs finiront par comprendre que vous n'avez pas l'intention d'agir et que leur contribution est une perte de temps.

Introduisez une méthode de retour d'information solide, accusez réception des commentaires et exprimez votre gratitude au client. Informez le consommateur que vous allez donner suite à ses commentaires et, lorsque les améliorations nécessaires auront été apportées, encouragez-le à venir constater la différence par lui-même.

Les détaillants doivent faire preuve de prudence en ce qui concerne les prix, les procédures d'échange et les offres spéciales. Si vous avez des politiques que les clients doivent connaître, assurez-vous qu'elles sont affichées publiquement ou communiquées efficacement. Acceptez toute erreur dans la billetterie et la tarification et donnez au consommateur le bénéfice du doute. Il n'est jamais agréable d'avoir un consommateur qui conteste un prix trop élevé à votre caisse.

Avec tact et diplomatie, traitez les clients difficiles. Répondez rapidement aux problèmes des clients, n'ignorez jamais un client et ne remettez jamais à plus tard. Si vous êtes retardé et que vous ne pouvez pas répondre aux attentes du client, informez le client.

Mettez-vous à la place du client.

Souvent, les chefs d'entreprise ne perçoivent pas les choses à travers les yeux de leurs clients. Vous exploitez peut-être un établissement de vente au détail, et lorsque vous dînez dans un restaurant d'élite, vous vous attendez à un certain niveau de service. De même, considérez-vous comme votre client, voyez les situations avec les yeux d'un client et prévoyez de fournir le type de service que vous attendez.

Il n'est jamais mauvais d'acquérir des connaissances par le biais de la concurrence. Même s'il peut être décourageant de constater que vous manquez de créativité et que vos concurrents excellent dans le domaine de la satisfaction du client, leurs idées valent la peine d'être imitées si votre client est satisfait.

Il vaut la peine d'écouter votre personnel de première ligne. Après tout, ils sont en contact quotidien avec les consommateurs et, par conséquent, ils savent ce que le client veut en termes de service et ce qui l'irrite dans votre configuration actuelle.

Un service à la clientèle cohérent, efficace et rapide, assuré par des personnes qualifiées et bien informées, selon des processus centrés sur le client et bien rodés, est la base du bonheur, de la rétention et de la fidélité des clients. Il faut parfois des jours, des mois, voire des années, pour construire une image de marque, conquérir un client et établir une connexion, mais vous pouvez la détruire en quelques secondes avec un geste négligé ou stupide.

Le mieux est de réunir une équipe qui se consacre à fournir le meilleur service possible et à cultiver un environnement qui encourage les consommateurs à revenir. Ce n'est qu'alors que vous pourrez prétendre être capable de fournir un service client de qualité supérieure.

CHAPITRE 16
SERVICE D'ACCUEIL DE LA CLIENTÈLE POUR LES MAGASINS DE VENTE AU DÉTAIL.

Quel que soit le type de magasin ou de magasins de détail que vous avez, en ligne via une boutique en ligne ou dans un établissement réel, un excellent service à la clientèle est une exigence aujourd'hui comme hier. Vous êtes peut-être un petit détaillant qui ne possède qu'un ou deux sites web et qui n'a pas de personnel ou de département dédié au service clientèle.

C'est acceptable si vous pouvez vous associer à un service de réponse à la clientèle. C'est moins cher que vous ne le pensez et extrêmement efficace, car des opérateurs en direct et s'exprimant clairement répondront aux demandes de vos interlocuteurs, prendront les commandes et fourniront des informations sur les produits, ce qui vous aidera à vendre et à promouvoir ce que vous proposez en ligne.

Bien que les courriels soient pratiques, tout le monde n'est pas patient, et la personne intéressée par vos produits et qui a une question peut recevoir des centaines de courriels par jour au travail. La procédure peut les épuiser et les rendre peu enclins à envoyer un autre courriel.

Ils préfèrent parler à quelqu'un immédiatement, car ils sont intéressés par votre produit ou service. Répondez à leurs demandes immédiates et dépassez-les en faisant appel à un service de réponse à la clientèle prêt à servir et à vendre immédiatement !

Vous savez ce que c'est quand vous appelez un magasin de détail et que vous n'arrivez pas à le joindre ; en appuyant sur telle ou telle touche, personne n'est en ligne, et vous finissez par raccrocher et faire des affaires ailleurs.

Faites en sorte que cela n'arrive pas à votre boutique en ligne ou à votre petit établissement de type brick-and-mortar. Faites en sorte qu'un service de réponse téléphonique adapté aux besoins de l'entreprise vous fournisse une assistance immédiate et un service exceptionnel ; c'est ce qui peut et doit faire croître votre entreprise.

Un site Web bien conçu peut attirer les visiteurs et les inciter à visiter votre boutique en ligne. Cependant, s'ils ont une question ou ont besoin d'informations supplémentaires immédiatement, c'est un excellent argument de vente que d'avoir un service de réponse à la clientèle pour les aider.

En utilisant un service de réponse à la clientèle en direct, vous serez également en mesure d'établir la confiance et de fournir une assistance rapide et courtoise aux clients existants et nouveaux.

Les acheteurs ont souvent besoin de réponses immédiates à leurs questions et n'ont pas toujours envie de les envoyer par e-mail. N'est-il pas préférable de parler avec une voix apaisante, polie et serviable que d'envoyer un courrier électronique ? En effet, c'est le cas.

Outre le fait d'avoir une personne disponible en direct pour vous aider, un autre avantage d'avoir un service de réponse téléphonique est que plus vos clients en savent sur vos produits, leurs caractéristiques, leur disponibilité ou les nouveaux produits qui seront bientôt disponibles, mieux c'est.

Il est bénéfique d'obtenir des informations opportunes et précises sur les produits de votre boutique en ligne ; il est également prudent pour les entreprises d'avoir un service de réponse disponible pour que vos clients reviennent et soient satisfaits d'avoir appelé.

Un service de réponse téléphonique établit la confiance et démontre à vos clients que vous êtes une entreprise en ligne réputée qui s'engage à fournir un service client authentique.

L'utilisation d'un service de réponse téléphonique réputé devrait faire partie intégrante de votre plan marketing pour vous aider à soutenir et à développer votre entreprise. Il est abordable et adaptable ; tout ce que vous avez à faire, c'est de déterminer quel service de réponse à la clientèle est le mieux adapté aux exigences de votre commerce de détail.

CHAPITRE 17
CONSEILS DE SERVICE À LA CLIENTÈLE POUR LES DÉTAILLANTS UTILISANT UN LOGICIEL DE POINT DE VENTE.

Selon les experts du commerce de détail, le service à la clientèle est aujourd'hui le principal facteur de différenciation, en particulier pour les détaillants indépendants. Si les détaillants ont la possibilité de pratiquer des remises, cela n'a guère de sens sur le plan commercial en tant que facteur de différenciation pour un commerce de détail.

Le service à la clientèle, en revanche, est roi. Il s'agit d'une forme de marketing. Il est important pour le succès de toute entreprise. Les détaillants disposent d'une variété d'alternatives marketing en matière de service à la clientèle, surtout s'ils utilisent un bon logiciel de point de vente. Il existe de nombreuses façons pour les magasins de tirer parti d'une technologie de point de vente efficace pour améliorer le service à la clientèle, notamment les suivantes :

Distribuez des reçus. Les reçus établissent la crédibilité. Envisagez de fixer une valeur minimale pour déclencher l'impression et ainsi minimiser la consommation de papier. Faites en sorte que le niveau minimal soit supérieur à un seul article dans la plupart des circonstances, ou assurez-vous que l'article unique a une valeur suffisante pour mériter un reçu. 4,95 $ est un excellent point de vente pour un magasin indépendant de taille moyenne.

Nous apprécions vos clients. N'oubliez pas d'ajouter une note d'appréciation sur vos reçus.

Cohérence : Utilisez le programme pour créer un script qui rappellera au personnel d'effectuer les processus de salutation et de remerciement lors d'une transaction.

Fournissez des conseils supplémentaires : Des conseils sur la configuration pour inclure chaque article que vous vendez. Lorsque vous scannez un article, celui-ci apparaît à l'écran. Faites l'effort d'établir cela et demandez à votre équipe de fournir ces conseils comme un service supplémentaire et gratuit.

Utilisez un affichage face au client : Il affiche les articles scannés et le prix facturé. Cela favorisera la confiance. Trop d'établissements de vente au détail ne le font pas et ne parviennent pas à offrir un service professionnel à la clientèle.

Chaque système de point de vente comprend des conseils et des pratiques pour offrir un service clientèle de qualité. Prenez le temps de vous informer et de les adopter. Développez votre équipe : Assurez-vous qu'ils peuvent répondre rapidement aux demandes de renseignements sur les comptes et les marchandises en stock.

Utilisez le logiciel : Utilisez le logiciel de point de vente pour promouvoir le point de différenciation de votre entreprise. Si ce n'est pas le cas, le programme ne convient peut-être pas à votre entreprise.

Rationalisez le traitement des cartes de crédit. Utilisez les meilleures pratiques du secteur pour vous assurer que les ventes sont traitées efficacement et avec le moins de retard possible. Utilisez les cartes magnétiques à la caisse.

En utilisant un logiciel de point de vente pour gérer la prestation de services, l'entreprise peut prévoir une exécution plus cohérente du comptoir au back-office. Ce logiciel peut également inclure des outils permettant de suivre l'implication des consommateurs aux points de contact du support client. Dans ce domaine, la technologie peut agir comme un ami de l'entreprise, en contribuant à la croissance des ventes.

CHAPITRE 18
LA FORMATION AU SERVICE À LA CLIENTÈLE DANS LE SECTEUR DU COMMERCE DE DÉTAIL EST INDISPENSABLE POUR TOUS LES COMMERCES DE DÉTAIL.

Le service à la clientèle est une exigence de chaque employé, quel que soit son rang. C'est particulièrement vrai dans les établissements de vente au détail, car le bonheur du client influence l'inclination des consommateurs à acheter et leur désir de revenir au magasin.

Les entreprises commettent une grave erreur en sous-estimant l'importance des affaires récurrentes pour leurs résultats. Le moyen le plus sûr de s'assurer une clientèle régulière et des revenus sains est d'établir une réputation de service à la clientèle supérieur.

Chaque employé doit s'efforcer de fournir un service client de qualité supérieure. Sans cela, l'entreprise échouera et aucun emploi ne sera créé. Le service à la clientèle est important pour la sécurité de l'emploi et la viabilité de l'entreprise.

Une norme décente pour les employés est de servir les clients de la manière dont vous aimeriez être traité et de ne pas oublier ces attentes. Nous exigeons tous un excellent service à la clientèle de la part des entreprises, en particulier des établissements de vente au détail.

La formation au service à la clientèle des associés et des superviseurs du commerce de détail devrait toujours inclure cette "règle d'or" parmi les normes à respecter. Elle devrait être un rappel constant tout au long de leur emploi.

Les clients doivent être et sont la priorité absolue de tout établissement de vente au détail. Dès qu'un consommateur entre dans votre établissement, votre attention doit se porter sur lui. Sans clients, aucune entreprise n'existe ; et sans entreprise, aucun emploi n'existe.

Il est important d'accueillir le consommateur correctement. Aimeriez-vous être accueilli par un vendeur au visage triste qui méprise son travail si vous achetiez une tenue ? Non. Accueillir les clients avec un sourire les invite à faire du shopping, leur permet de poser des questions et les encourage à dépenser leur argent et leur temps dans votre magasin.

Il arrive parfois que des consommateurs arrivent avec un tempérament plus difficile pour une cause inconnue. Toutefois, le fait d'accueillir les visiteurs sur un ton enjoué du type "j'aime mon travail" contribuera grandement à les faire se sentir les bienvenus.

Gérer le client plus difficile est une question importante à aborder lors de la formation des employés, car nous savons tous que tous les clients n'entrent pas dans un magasin avec le sourire ; pourtant, ce scénario peut aussi être géré de manière professionnelle. Si vous avez des difficultés dans ce domaine, n'ayez crainte ; des stratégies éprouvées sont disponibles pour vous aider.

Dans le commerce de détail, le fait de vérifier périodiquement l'état d'un client pendant qu'il fait ses courses est une approche efficace pour donner l'impression que l'entreprise accorde de l'importance à son activité et apprécie sa clientèle. Si vous repérez un client qui semble perdu, perplexe ou frustré, approchez-le et demandez-lui s'il a besoin d'aide.

Lorsque les clients veulent faire leurs achats en toute tranquillité, le fait de les bombarder d'informations peut les rebuter énormément. Maintenez une connaissance de tous les produits de détail vendus dans votre magasin et soyez prêt à répondre à toute question. Assurez-vous d'avoir toutes les réponses nécessaires pour aider un client à l'avance et maintenez un équilibre dans vos expressions de connaissance des produits.

Dans le domaine des vêtements, les commerces de détail contrôlent régulièrement les consommateurs dans les cabines d'essayage, mais évitez de les ennuyer en les interrompant trop souvent. S'ils vous demandent votre avis, soyez toujours franc et respectueux dans vos réponses.

Dirigez-les vers la caisse lorsqu'un client a terminé ses choix et est prêt à payer. Si vous êtes le préposé à la caisse, assurez-vous qu'il a trouvé tout cela satisfaisant. Prenez note de leurs préoccupations ou suggestions et transmettez-les éventuellement à votre direction une fois les ventes terminées. Souriez toujours. Remerciez le client d'avoir fait ses achats dans votre magasin.

Les magasins de détail doivent offrir un excellent service à la clientèle et rappeler régulièrement à leurs employés les règles à suivre, comme des films ou des manuels sur le service à la clientèle. Les clients doivent se sentir désirés, informés et aidés tout au long de leur expérience d'achat.

Faites en sorte que le client se sente apprécié et valorisé, et il reviendra dans votre magasin. N'oubliez pas qu'un client satisfait aujourd'hui est un autre client demain - la répétition des commandes est le fondement de la réussite future d'une entreprise.

CHAPITRE 19
RESPECTER LA RÈGLE D'OR DU SERVICE À LA CLIENTÈLE.

"Traitez les autres comme vous voudriez qu'ils vous traitent." Ne vous inquiétez pas ; je ne cherche pas à vous convaincre d'assister à l'école du dimanche sous l'apparence d'un article commercial ! Cependant, cette règle nous a été enseignée sous une forme ou une autre depuis aussi longtemps que nous pouvons nous en souvenir. De nombreuses personnes s'efforcent de vivre selon cette règle quotidiennement. Cependant, combien d'entre nous adhèrent à une notion aussi simple en affaires ?

Après une mauvaise vente, la plupart des clients ne sont pas trop mécontents du produit ou du service. Il est vrai qu'il aurait pu être à l'origine du problème. Cependant, la plupart des gens comprennent que nous ne vivons pas dans un monde parfait et que les choses ne fonctionnent pas toujours ! Si vous y réfléchissez, c'est peut-être la règle la plus importante à suivre en affaires.

La plupart des gens quittent ces situations en étant contrariés par la manière dont ils ont été traités. Ils pensent avoir payé un produit ou un service qui n'a pas fonctionné correctement pour une raison ou une autre. Cela les rend furieux, mais ce qui les rend vraiment furieux, c'est le sentiment que personne ne s'en soucie.

Nous avons tous été confrontés à un mauvais service à la clientèle. Ceux d'entre nous qui travaillent dans la vente se sont trouvés des deux côtés de ces discussions. Lorsque nous jouons le rôle de vendeur, nous pouvons être épuisés après une longue journée. Nous pouvons rencontrer des difficultés dans notre vie personnelle. Nous pouvons tout simplement nous être réveillés de mauvaise humeur ce matin-là. Aucune de ces choses n'est intrinsèquement incorrecte.

Cependant, notre responsabilité consiste à mettre toutes ces choses de côté pour servir les personnes pour lesquelles nous sommes rémunérés. C'est pourquoi, à mon avis, les vendeurs devraient être obligés de suivre le cours Acting 101 !

Dans un monde idéal, nous serions toujours vraiment intéressés à écouter nos clients et à les aider à déterminer les meilleures options pour eux. Cependant, comme nous le savons tous, c'est presque impossible au quotidien, à moins d'avoir une prescription assez importante de Prozac ! Les vendeurs sont tout simplement : des individus. Nous ne serons pas toujours au mieux de notre forme, mais nous devons être capables d'agir comme si nous l'étions. Agir de manière convaincante comme si nous l'étions !

D'autre part, en tant qu'humains, les vendeurs sont continuellement confrontés à des circonstances dans lesquelles nous sommes des consommateurs. Vous avez certainement rencontré quelques vendeurs qui vous ont frustré ou qui ne sont pas aussi utiles que vous le souhaiteriez.

Nous ne serons jamais parfaits dans tous nos contrats avec les clients. Toutefois, supposons que nous essayions de toujours garder à l'esprit la bonne vieille "règle d'or" lorsque nous interagissons avec les consommateurs. Dans ce cas, je crois que nous trouverions notre emploi plus agréable, nos clients plus heureux et, oui, même nos revenus augmenteraient!

CHAPITRE 20
CONSEILS POUR AMÉLIORER LE SERVICE À LA CLIENTÈLE DANS LE SECTEUR DU COMMERCE DE DÉTAIL.

Ce CHAPITRE explore des astuces efficaces pour améliorer votre service client dans le commerce de détail. Ils sont les suivants :

Engagez votre personnel ; Les employés doivent croire qu'ils font partie de quelque chose de plus grand qu'eux. La communication, dans les deux sens, est essentielle pour s'assurer que vos employés sont engagés dans votre entreprise. Maintenez un minimum de réunions mensuelles.

Sollicitez également leur avis par le biais d'un sondage ou d'une enquête : Tenez compte des suggestions qu'ils font. Enfin, reconnaissez les employés qui ont fourni un travail supérieur à la moyenne. Pour ceux qui ont des difficultés, fournissez-leur les ressources nécessaires pour continuer à apprendre et à être motivés et engagés à devenir un membre dynamique de votre organisation.

N'attendez rien de moins que le meilleur de vos employés et rien de moins de vos consommateurs : Les clients finiront par s'attendre à ce que vous mainteniez cet excellent niveau de service à la clientèle et reviendront s'ils le font. Faites tout votre possible pour fournir un service de qualité constante à vos clients. Les "jours de repos" ne devraient pas être tolérés, même si le personnel est limité.

Félicitez et reconnaissez les efforts de vos employés ; Les employés qui ont une attitude positive à l'égard de leur travail fourniront un service à la clientèle plus authentique. Vous pouvez les féliciter en leur remettant un diplôme affiché dans la salle de repos, en leur accordant un congé, en organisant un déjeuner ou simplement en leur donnant une tape dans le dos et en leur disant "Bravo !".

Évaluez régulièrement vos politiques et procédures pour vous assurer qu'elles ne sont pas dépassées ; Vérifiez que vos procédures ne sont pas excessivement strictes et que vos politiques ne sont pas excessivement longues et fastidieuses. Assurez-vous que les politiques restent actuelles et qu'elles reflètent l'objectif de l'organisation, qui est de fournir un service à la clientèle exceptionnel.

Prêtez attention à votre client : L'écoute active peut faire la différence entre conserver et perdre un client. Reconnaissez les demandes et les préoccupations de vos clients et répondez-y. Montrez à votre client que vous avez entendu ce qu'il disait. Remerciez-le de ses commentaires ; c'est un excellent moyen d'aider votre entreprise à se développer et à s'améliorer.

Demandez à une personne extérieure de vous donner son avis sur votre établissement. Des commentaires honnêtes de la part de personnes que vous respectez peuvent vous aider à faire en sorte que votre établissement soit à son meilleur ! Considérez votre entreprise avec un regard neuf pour la voir à travers les yeux de vos clients ; vérifiez que vos affichages sont dynamiques et attrayants, que votre message vocal est actuel et précis, et que votre site Web et vos pages Facebook sont à jour.

Engagez votre client : Maintenez des présentoirs dynamiques et encouragez les visiteurs à explorer les nouveautés. N'ayez pas peur de demander comment vous pouvez améliorer le service que vous leur offrez. Intégrez un programme d'achat fréquent ou de fidélisation dans votre entreprise. La création de "dollars de magasin", qui permettent à un consommateur de gagner un petit bonus pour avoir fait des achats chez vous, ou l'offre d'un coupon pour les achats dépassant un certain montant peuvent aider un client à se sentir apprécié.

Ne prononcez jamais le mot "non" : Lorsqu'un client demande quelque chose, découvrez comment satisfaire sa demande. Lui offrir des choix peut faire la différence entre dire "oui" et être obligé de dire "non". Demandez-lui ce qui pourrait le rassasier.

Respectez votre consommateur : Lorsqu'ils attendent de l'aide, reconnaissez-les. Nous apprécions qu'il vous ait choisi. Demandez à ce qu'il soit mis en attente. Nous apprécions leur patience. Gardez un comportement agréable, et il restera un client fidèle.

CONCLUSION.

Depuis quelques années, les clients désabusés effectuent des recherches en ligne sur les produits qu'ils souhaitent acheter afin de s'assurer qu'ils prennent les meilleures décisions d'achat.

Ils passent au peigne fin les avis sur les produits, les commentaires des utilisateurs et même les comparaisons techniques entre les articles. Ils comparent les garanties, la durabilité et les antécédents du fabricant, ainsi que le marchand chez qui ils vont faire leur achat.

Toute mon auto-recherche découle d'une disparité notable dans les niveaux de service de certains établissements, notamment ceux qui offrent une mauvaise assistance à la clientèle. Sans recommandations faisant autorité de la part du personnel du magasin, un client désireux d'acheter quelque chose dans un magasin où le service à la clientèle est faible manquera de confiance pour prendre sa décision d'achat.

Sans surprise, plus la taille et le coût de l'objet sont élevés, plus l'écart de service est important. L'achat d'articles coûteux nécessitera une recherche approfondie en ligne avant que l'acheteur ne fasse son achat. En général, lorsque les clients se rendent en magasin pour acheter, ils se contentent de passer une commande avec peu d'interaction avec le vendeur.

Les clients prennent conscience qu'ils remplissent désormais les fonctions du vendeur en magasin. Toutes les recherches qu'ils effectuent pour faire le personnel du magasin devraient fournir une décision d'achat éclairée, mais ce n'est pas le cas. Combien de temps encore les consommateurs, qui travaillent plus que jamais pour gagner leur argent, pourront-ils supporter un service à la clientèle de qualité inférieure dans les magasins ?

Les consommateurs se réveillent, et un retour de bâton se prépare. Les consommateurs souhaitent un retour à un excellent service client, mais ils reconnaissent également quelque chose de nouveau : l'engagement du client. Il n'existe pas de service client moderne, mais un bon vieux service client à l'ancienne. Aujourd'hui, l'engagement du client élève l'expérience d'achat à de nouveaux sommets.

Qu'est-ce qui distingue un excellent service à la clientèle de l'engagement du client ? Un excellent service à la clientèle comprend une connaissance approfondie des produits, des démonstrations et des recommandations faites par des employés du magasin qui sont bien informés et font autorité.

L'engagement envers le client implique tout ce qui précède, une compréhension approfondie des besoins du client et l'établissement d'une relation à long terme avec ce dernier. Un employé qui s'engage auprès des clients va apprendre à les connaître intimement, mais il va aussi anticiper les besoins futurs du client et lui proposer des solutions.

Par exemple, le client engagé d'aujourd'hui qui achète un nouvel appareil photo reflex informe le vendeur qu'il a l'intention d'acheter un kit d'objectifs supplémentaires lorsqu'il aura maîtrisé les subtilités de son nouvel appareil.

Le vendeur connaît parfaitement les exigences et les habitudes d'achat du client et a développé une relation solide avec lui. Il comprend également les aspirations d'achat futures du client et assurera le suivi et la présence du client lors de son prochain achat.

L'engagement du client établit une connexion entre votre magasin et le client, qui oublie alors votre concurrence. L'engagement du client vous aidera à vous démarquer de la concurrence et à ouvrir la voie à de futures ventes.

PRENEZ DES MESURES DÈS MAINTENANT.

1) Créez une nouvelle méthodologie de service à la clientèle pour votre personnel. Réfléchissez aux mesures que vous prendrez sur la surface de vente pour aider le client à se connecter à votre magasin grâce à l'interaction avec le client.

2) Discutez avec le personnel de vente de la manière dont l'engagement des clients se traduit par des revenus et une fidélité à long terme.

Compétences de gestion pour les gestionnaires.

1. Gestion du temps pour les managers
2. Coaching des employés pour les managers
3. Développement de l'esprit d'équipe pour les managers
4. Confiance en soi pour les managers
5. Techniques de négociation pour les managers
6. Compétences en matière de service à la clientèle pour les managers
7. L'affirmation de soi pour les managers
8. Étiquette commerciale pour les managers
9. Aptitude à l'écoute pour les managers
10. Compétences en leadership pour les managers
11. Compétences en communication pour les managers
12. Techniques de présentation pour les managers
13. Gestion du stress pour les managers
14. Prise de décision pour les managers
15. Gestion des conflits pour les managers.

Série : La liberté financière à tout âge.

- ➢ Atteindre la liberté financière à 20 ans
- ➢ Atteindre la liberté financière dans la trentaine
- ➢ Atteindre la liberté financière dans la quarantaine
- ➢ Atteindre la liberté financière dans la cinquantaine
- ➢ Atteindre la liberté financière à 60 ans
- ➢ Atteindre la liberté financière à 70 ans et plus.
- ➢ Atteindre la liberté financière chez les enfants
- ➢ Atteindre la liberté financière chez les adolescents

- Atteindre la liberté financière chez les étudiants universitaires.
- Les escroqueries financières dont il faut se méfier à la retraite.

Série : Des finances personnelles pour vous.
- Acheter et vendre des crypto-monnaies pour les débutants
- Pourquoi investir dans des actions à dividendes est judicieux.

Série : Patrimoine 2022.

1. L'entrepreneuriat en ligne.
2. Créer sa propre entreprise
3. Gestion du patrimoine
4. Revenu passif.
5. 12 étapes pour créer votre propre entreprise.

Biographie de l'auteur

D.K. Hawkins. D.K. aime lire des livres sur les affaires personnelles ainsi que passer du temps à l'extérieur. D'autres livres viendront s'ajouter à cette collection, alors suivez-nous sur Amazon pour en savoir plus.

Merci d'avoir acheté ce livre.

Je vous en remercie sincèrement et je vous apprécie, vous, mon excellent client.

Que Dieu vous bénisse.

D.K. Hawkins.

www.ingramcontent.com/pod-product-compliance
Lightning Source LLC
Chambersburg PA
CBHW050003230526
45465CB00003BB/1242